淮阴工学院学术专著出版资助

Study on the Influence of Foreign
Exchange Reserve on the
Endogeneity of Money Supply in China

我国外汇储备对货币供给内生性的影响研究

■ 夏春莲 / 著

中国财经出版传媒集团
经济科学出版社
Economic Science Press

图书在版编目（CIP）数据

我国外汇储备对货币供给内生性的影响研究/夏春莲著.
—北京：经济科学出版社，2018.2
ISBN 978-7-5141-9093-9

Ⅰ.①我… Ⅱ.①夏… Ⅲ.①外汇储备-影响-货币供给-研究-中国 Ⅳ.①F822.2

中国版本图书馆 CIP 数据核字（2018）第 042058 号

责任编辑：李　雪
责任校对：王肖楠
责任印制：邱　天

我国外汇储备对货币供给内生性的影响研究

夏春莲　著

经济科学出版社出版、发行　新华书店经销
社址：北京市海淀区阜成路甲 28 号　邮编：100142
总编部电话：010-88191217　发行部电话：010-88191522
网址：www.esp.com.cn
电子邮件：esp@esp.com.cn
天猫网店：经济科学出版社旗舰店
网址：http://jjkxcbs.tmall.com
固安华明印业有限公司印装
710×1000　16 开　14.25 印张　200000 字
2018 年 4 月第 1 版　2018 年 4 月第 1 次印刷
ISBN 978-7-5141-9093-9　定价：59.00 元
（图书出现印装问题，本社负责调换。电话：010-88191510）
（版权所有　侵权必究　举报电话：010-88191586
电子邮箱：dbts@esp.com.cn）

前　　言

中国加入 WTO 之后，国际收支出现了长期的经常账户顺差和资本与金融账户顺差，积累了大量外汇储备。同时，维持汇率的基本稳定也成为货币政策操作的重要目标之一。当一个国家同时实现汇率稳定和国际收支顺差的时候，其必然面临一个问题，就是货币供给的内生性增长。我国货币供给内生性问题已经获得学术界的普遍关注，相关文献十分丰富。本书在已有文献基础上，对我国货币供给内生性问题给出更为全面的分析。已有研究文献重点关注了外汇储备积累带来的基础货币投放效应。本书在此基础之上，增加了两部分内容，一部分是外汇储备积累带来的内生性信贷扩张效应，从商业银行流动性上升和投资信贷需求上升两个方面进行阐述。另一部分是外汇储备积累给货币政策传导带来的内生性影响，重点关注的是宽松货币政策的传导效果，从公众预期和市场信心的角度进行阐述。

本书的研究新意主要体现在三个方面：第一，已有文献较多关注了外汇储备对基础货币供给的内生性影响。本书不仅研究了外汇储备对基础货币投放的内生性效应，而且研究了外汇储备通过提高商业银行流动性和推动固定资产投资增长，从信贷供给和信贷需求两个方面给信贷规模带来的内生性影响。第二，在分析外汇储备对固定资产投资的影响时，本书将外汇储备分为贸易顺差、外商直接投资和短期国际资本流动三大部分，分别分析了出口贸易的乘数效应、外商直接投资对国内投资的挤入挤出效应、国际热钱流入对股价和房价的影响、股价和房价通过托宾 Q 对固定资产投资和房地产开发投资的影响。这改变了已有文献中只关注外汇储备总规模与投资总规模的研究习惯。第三，本书对比分析了 1998 年亚洲金融危机和 2008 年金融危机时期，我国持有外汇储备规模的不同对公众预期和宽松型货币政策传导效果影响的不同，弥补了这一方面的研究空缺。

本书分三大部分论述我国外汇储备对货币供给内生性的影响，分别是外汇储备积累对基础货币供给的内生性影响、外汇储备积累对信贷扩张的内生性影响、外汇储备积累对宽松货币政策传导的内生性影响。对于这三种影响，文中分别给出了影响机制的理论基础，并使用中国经济数据进行了实证检验。协整检验结果表明基础货币、外汇占款、对政府债权、对银行机构债权、中央银行发行债券和政府存款之间具有长期的协整关系。误差修正模型回归结果证明上述各项的短期变动对基础货币的短期变动都具有显著影响，其中外汇占款、对政府债权、对银行机构债权短期变动对基础货币变动的影响方向为正，中央银行发行债券和政府存款变动对基础货币变动的影响方向为负。在基础货币主要来源中，外汇占款的回归系数明显高于对政府债权和对银行机构债权的影响系数，说明外汇储备的增长成为我国基础货币供给的最主要来源，外汇储备对基础货币供给产生较强的内生性影响。

格兰杰因果检验表明外汇储备是商业银行流动性的格兰杰原因，同时是固定资产投资的格兰杰原因。商业银行流动性是金融机构各项贷款的格兰杰原因，固定资产投资也是金融机构各项贷款的格兰杰原因。外汇储备是金融机构各项贷款的格兰杰原因。因此，外汇储备通过商业银行流动性效应和固定资产投资效应对信贷规模产生内生性影响的机制在格兰杰因果检验中是成立的。分布滞后模型的回归结果表明当期的商业银行流动性变动和信贷规模变动之间呈负方向关系，但是当期的商业银行流动性变动和下一期的信贷规模变动呈正相关关系。本期的固定资产投资增长率越高，下一期的信贷规模增长越快。外汇储备增长会对两期之后的信贷规模增长产生显著的正方向影响。

1998年亚洲金融危机和2008年美国次贷危机时期，外汇储备增长速度都有所下降，导致新增外汇占款在新增基础货币来源中的占比也大幅度下降。两次金融危机时期我国外汇储备余额规模不同，扩张性货币政策效果也截然相反。1998年亚洲金融危机时期，我国外汇储备存量规模较小，扩张性货币政策目标的实现受阻。2008年美国次贷危机时期，我国外汇储备存量规模较大，扩张性货币政策目标的实现较为顺利，甚至出现货币供给的超预期扩张。

实证结果表明我国外汇储备的增长的确给货币供给带来了内生性影响，货币总量的内生性扩张带来物价水平上升和通货膨胀。政府部门需要通过其他手段控制固定资产投资的增长，尤其是地方政府的基础建设投资和房地产开发投资的过快增长，以控制信贷和货币供给的扩张。政府需要调整收入分配机制，改善收入分配格局，以避免货币供给的内生性扩张和通货膨胀带来贫富分化的加剧以及由此产生的不利影响。进一步推进利率市场化有利于将内生性货币供给带来的过剩流动性有效配置到实体经济发展需要的领域和企业，缓解中小企业融资难的问题。另外，我国需要调整进出口产品结构，扩大内需，平衡国际收支，并完善人民币汇率形成机制，增加人民币汇率浮动幅度。鉴于两次金融危机时期外汇储备规模的不同和扩张性货币政策效果的截然相反，我们认为，中央银行在制定货币政策时，尤其是宽松型货币政策时，需要考虑外汇储备存量规模对公众预期和货币政策传导的影响。

本书是在我的博士毕业论文《我国外汇储备对货币供给内生性的影响研究》基础上扩展而成。由于我的博士毕业论文完成于2015年下半年，文中数据只更新到2014年6月份。2015年和2016年我国外汇储备连续两年负增长，外汇储备对我国货币供给内生性的影响方式在短期内发生了变化。为了不打破毕业论文原有的逻辑结构和实证检验结果，在本书出版的时候没有进行数据更新。但是我最新发表的学术论文将相关数据更新到了2016年末，该论文放在了本书的附录1中，以表示对博士毕业论文的延续和对最新经济现实的考察。另外，本书无论是在理论基础还是在实证研究方面，都尚存在需要完善和进一步深入研究的地方，书中不足之处敬请方家斧正。

夏春莲
2017 年 12 月

目录
Contents

第一章 导论 ··· 1

　第一节 研究背景与研究意义 ·· 1

　第二节 国内外相关研究综述 ·· 8

　第三节 本书的框架结构与研究方法 ·· 29

　第四节 本书的创新与不足 ·· 31

第二章 内生性与外生性货币供给理论 ··· 34

　第一节 货币供给内生性与外生性的含义 ·· 34

　第二节 货币供给的内生性与外生性争论 ·· 36

第三章 外汇储备影响货币供给的理论基础 ·· 42

　第一节 外汇储备的概念、功能与适度规模 ·· 42

　第二节 外汇储备影响货币供给内生性的理论机制 ······························· 47

第四章 我国外汇储备增长、冲销措施与货币供给 ································· 65

　第一节 外汇储备存量与增量 ·· 65

第二节　货币冲销措施 ………………………………………… 75
　　第三节　中国货币政策框架与货币供给 ……………………… 80

第五章　外汇储备对货币供给内生性影响的实证分析 …………… 99
　　第一节　外汇储备对基础货币内生性的影响 ………………… 99
　　第二节　外汇储备对信贷规模内生性的影响 ………………… 104
　　第三节　金融危机时代外汇储备对货币供给内生性的影响 …… 120

第六章　结论与政策建议 …………………………………………… 129
　　第一节　主要结论 ……………………………………………… 129
　　第二节　相关政策建议 ………………………………………… 132

参考文献 ……………………………………………………………… 138
附录1　我国外汇储备对宽松货币政策传导的影响 ……………… 150
附录2　中国不同时期短期国际资本流动影响因素比较 ………… 169
附录3　中国存款准备金率的调整对短期国际资本流动的影响 … 182
附录4　实证模型数据 ……………………………………………… 195
后记 …………………………………………………………………… 218

第一章

导 论

第一节 研究背景与研究意义

一、本书的研究背景

货币理论中一直存在着货币供给的外生性和内生性争论，争论的本质问题在于货币供给与中央银行之间的关系。外生货币供给支持者认为货币供给由中央银行决定，不受经济影响。内生货币供给支持者认为货币供给主要由经济运行决定，中央银行的货币供给是一种被动的适用性行为。

货币供给外生性理论受到新凯恩斯学派、货币学派和理性预期学派的支持，成为主流经济学的一个基本命题和假设，同时也得到各国货币当局的较大认可。货币供给内生性理论受到后凯恩斯学派的支持，被用来解释中央银行的货币政策为何常常失效，货币供应量为何常常偏离中央银行的政策目标。伴随着宏观经济学研究范围从封闭经济扩展到开放经济，尤其是新开放宏观经济理论的兴起，货币供给被认为受到更多因素的影响，例如，一国实行的汇率制度、外汇管制制度、经常账户和资本账户的开放程度、本国货币在国际货币体系中的地位、国际资本流动等。

中国自2001年底正式加入WTO，对外开放程度不断提高。加入世界贸易组织一方面推动了中国对外贸易的快速增长，另一方面也推动了国内投资环境的改善，对外资吸引力得以提高。伴随着出口快速增长、外商直接投资和短期国际资本的大量流入，我国长期维持经常项目和资本账户双顺差，国际收支失衡，外汇储备不断积累。

1994年1月1日，中国曾进行了一次重要的外汇管理体制改革，实现了人民币官方汇率和外汇调剂价格的正式并轨，并开始实行以市场供求为基础的、单一有管理的浮动汇率制度。汇改后人民币汇率保持基本稳定，1994年1月汇率水平为1美元兑8.7元人民币，2005年6月汇率水平为1美元兑8.2765元人民币，12年来共升值4235个点，幅度非常小，实际上是钉住美元。国际货币基金组织将人民币汇率制度划分为固定钉住制。

由于2002年之后外汇持续大量流入，人民币面临巨大的升值压力。2005年7月21日，我国进行了又一次的汇率制度改革，实行以市场供求为基础、参考一篮子货币进行调节、有管理的浮动汇率制度。虽然汇改之后汇率浮动幅度有较大提高，但并没有实现完全自由浮动，外汇管理当局继续对汇率保持必要的干预。国际市场也认为中国汇率远未达到均衡汇率水平，人民币仍处于被低估状态，市场存在较强的人民币升值预期。

为了避免短期国际资本流动对国内经济带来负面影响，我国长期以来实行"宽进严出"的资本管制，对跨境资本交易及本外币兑换给予一定限制，只有不到一半的项目交易较为自由。但随着我国与世界经济联系越来越紧密，货币当局对国际资本的管制效率有所下降。国际套利资金可能通过低报进口、高报出口、跨国公司或关联企业利用转移定价、伪造贸易凭证、预付货款或提前付汇、金融账户、货币走私、地下钱庄等多种途径流入。2003~2012年中国短期国际资本流入1.65万亿美元。

另外，1994~2008年，中国长期实行强制结售汇制度，即外贸顺差公司将外汇资产出售给商业银行，获得人民币存款，商业银行再将外汇资产出售给中央银行，商业银行人民币存款和准备金增加，同时中央银行的外汇资产和储备货币增加。2008年8月，我国已经取消强制结售汇制度，但较高的人民币升值预期导致许多企业和个人更愿意持有人民币而不是外汇资产，仍将手中的外汇出售给商业银行。

在中国现行汇率制度、资本管制制度和结售汇制度下，外汇储备的不断积累导致货币供给表现出较强的内生性。伴随着外汇储备的快速增长，货币供应量M2也呈现出"超发"现象。货币供给的过剩导致物价水平高居不下，通货膨胀压力持续。具体如图1-1所示。

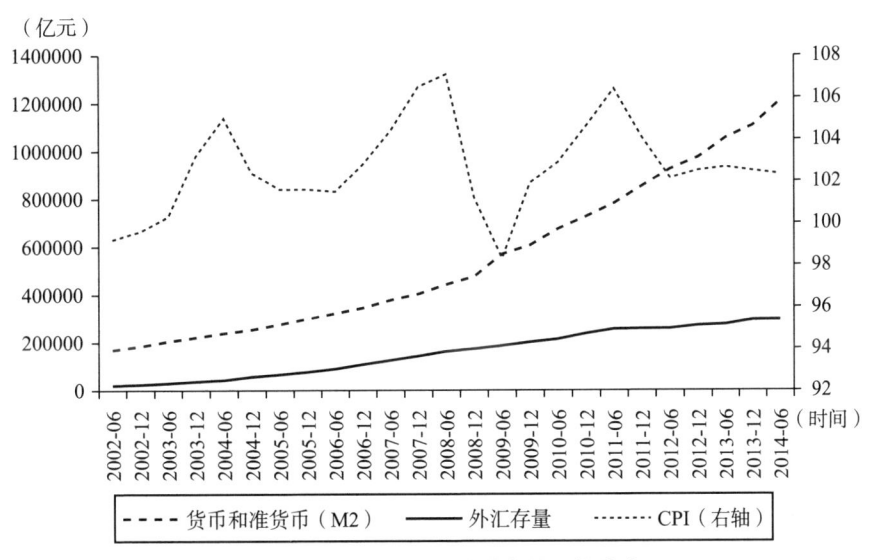

图1-1 外汇储备、货币供应量和物价水平

从基础货币的来源上看，随着外汇储备的增长，外汇占款成为基础货币的最主要来源。虽然货币当局通过发行央行票据对基础货币投放进行冲销，但央行票据发行量的不断增加使票据的发行成本和利息偿付压力上升，大量票据到期兑付也削弱了央行票据的对冲效率。由于外汇储备增长

过快,冲销变得越来越困难,基础货币供给在外汇储备增长的推动下被动增加。外汇储备规模是经济体系运行的结果,不受中央银行直接控制,通过外汇占款渠道投放基础货币也是一种被动行为。因此,伴随着外汇储备的增长,中国基础货币供给表现出显著的内生性,如图1-2所示。

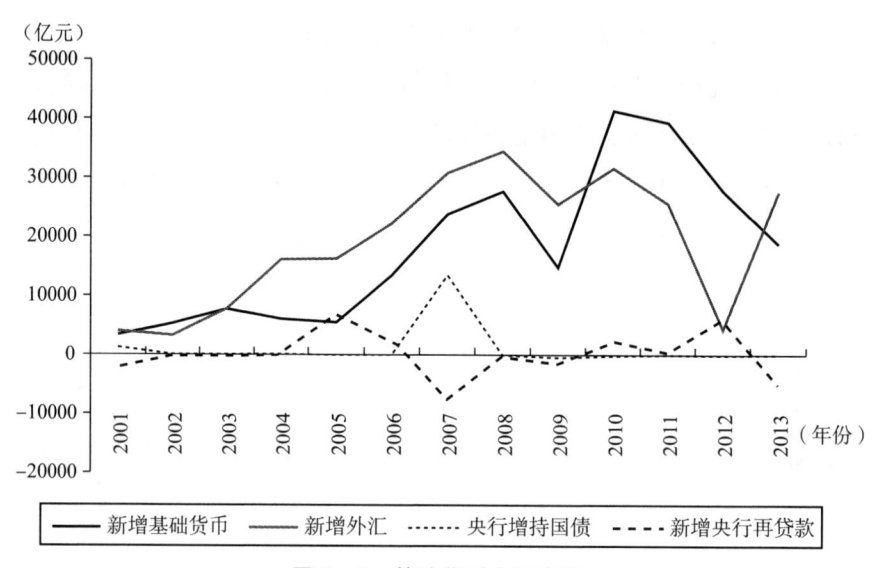

图1-2 基础货币主要来源

从金融机构各项贷款的影响因素来看,外汇储备从信贷供给和信贷需求两个方面对信贷规模产生影响。一方面,在外汇储备增长投放大量基础货币的条件下,中央银行通过调节法定存款准备金率控制信贷规模,但是法定存款准备金率的持续上调导致金融机构积累大量流动性。法定存款准备金是指商业银行按照中央银行的硬性规定,根据存款额度保持一定比率的流动性,其作用主要是为了应对商业银行的意外支付需求。当法定存款准备金率超出商业银行应对意外的支付需求后,法定存款准备金率的继续提高即起到冻结市场过剩流动性的功能,但同时也将导致商业银行流动性水平的上升。这种流动性的积聚由外汇储备的增长导致,中央银行难以控制其规模。因此,这种流动性的积聚是由经济体系内生的。而商业银行流动性的提高会增强银行信贷供给的意愿和能力，从而推动信贷规模的内生性增长。另一方面，外汇储备的增长可能从多方面推动国内固定资产投资的增长，投资的高速增长提高了信贷需求，推动信贷规模的内生性增长。因此，不管对于信贷供给，还是对于信贷需求，外汇储备的积累都带来了内生性影响。

2008年金融危机爆发后，大量的外汇储备积累稳定了商业银行和投资主体的市场预期，宽松货币政策带来的流动性释放，在商业银行信贷供给意愿强烈和投资主体信贷需求旺盛的条件下，导致信贷规模急剧上升。2008年9月开始，中央银行4次下调存款准备金率，大型金融机构存款准备金率从9月份的17.5%下调到12月份的15.5%，中小金融机构存款准备金率从9月份的16.5%下调到12月份的13.5%。存款准备金率连续下调的货币供给扩张效应在2009年显现，信贷规模在2009年呈现井喷式增长，2009年人民币贷款年末余额为40.0万亿元，同比增长31.7%，增速比上年高13个百分点。这种信贷规模的过快增长也具有明显的内生性，如图1-3所示。

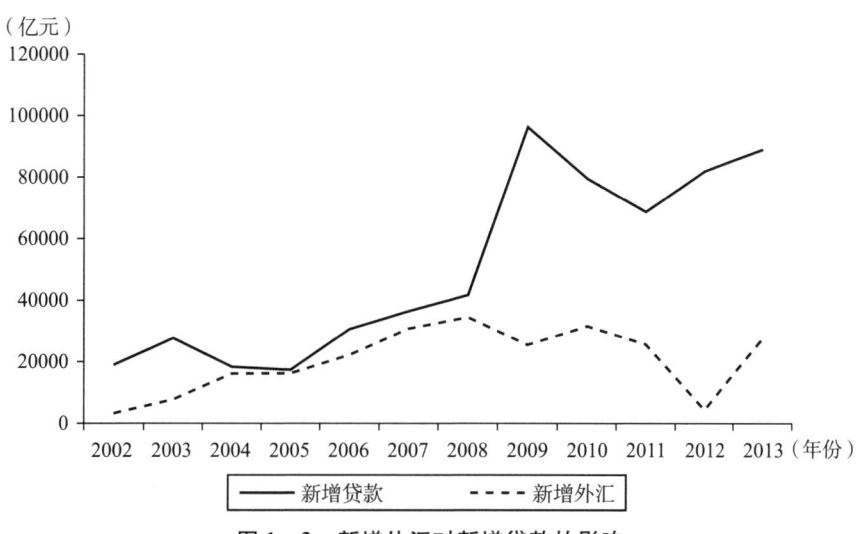

图1-3 新增外汇对新增贷款的影响

二、本书的研究意义

分析货币供给的决定机制和变动规律是货币金融理论的基本任务之一，也能够为货币政策选择和操作提供参考。在货币供给决定分析中，正确认识货币供给的内生性和外生性十分重要，只有对这一问题研究透彻，才能准确定位货币当局在调控中的作用，发挥货币政策的有效性。虽然货币理论中关于货币供给的外生性和内生性争论从未间断过，但是货币供给的外生性或内生性都不是绝对和完全的。货币供给脱离不了经济体系的内生性影响，也不可能完全摆脱中央银行货币政策的外生性扰动。因此，货币供给存在内生性并不说明货币当局对货币供给完全失去控制。相反，只有正确地认识货币供给的内生性过程，货币当局才能采取相应对策更好地实施对货币供给的调控。

货币政策的理论基础产生于20世纪30年代资本主义范围内的大萧条，约翰·梅纳德·凯恩斯（John Maynard Keynes，1936）主张由政府干预经济，对总需求进行管理。凯恩斯主义极大地影响了美国等主要国家的经济政策，货币政策和财政政策共同成为国家干预经济的重要工具。基于凯恩斯主义的理论框架，在一个经济体中，货币的供给和需求相互作用，将引起货币币值上升或下降，从而使利率、价格和投资产出等因素发生变化，最终影响经济增长。若货币供给大于需求，则货币贬值、利率下降、物价上涨，导致通货膨胀，人们更倾向于消费而不是储蓄，投资也更有利可图。轻度的通货膨胀能够刺激消费和投资，从而带动经济增长。但在工资黏性的条件下，严重的通货膨胀会降低人们的生活水平，扰乱价格调节机制，导致资源错配，妨碍经济增长。当货币供给小于货币需求时，货币升值、利率上涨、物价下跌，出现通货紧缩。利率上涨使人们进行更多储蓄，压缩投资的利润空间，抑制消费和投资，导致社会总需求不足，同样妨碍经济增长。由此可见，货币币值的过分波动都将破坏经济增长。借助货币政策工具，中央银行可以调节货币总供给以适应货币总需求,以保持货币币值基本稳定,实现物价稳定、充分就业、经济增长等最终目标。

1998年以来我国一直以货币供应量作为货币政策中介目标,对货币供给的调控成为货币当局调节宏观经济的重要手段。对市场中货币需求与货币供给内生性的判断是否准确,将影响中央银行货币政策的制定和货币政策的实施效果。如中央银行只有正确认识了外汇占款对基础货币的投放效应,才能够采取相应措施对基础货币投放进行对冲,从而控制基础货币供给量。另外,中央银行只有正确判断市场中的信贷需求,才能确定相应的法定存款准备金率水平,以控制信贷规模和货币总供给。如果市场中信贷需求过高,为了控制信贷交易规模和防止经济过热,央行需要维持较高的法定存款准备金率水平。如果市场中信贷需求偏低,为了刺激经济和投资,央行需要制定较低的法定存款准备金率水平。如果市场中存在较高信贷需求时,央行大幅度降低法定存款准备金率,则信贷规模将会激增,市场经济表现过热和出现通货膨胀。这正是2008年金融危机以来中国市场的表现。

本书的研究意义在于:将内生性货币供给理论与中国内生性货币供给的现实相结合,梳理中国货币供给内生性在不同历史时期的不同表现特征,并重点分析中国加入WTO后,外汇储备的增长给中国货币供给带来的内生性影响。不仅关注了外汇储备对基础货币投放的内生性效应,而且研究了大规模外汇储备积累给中国信贷增长带来的内生性影响。同时还分析了金融危机时期,外汇储备规模对稳定公众预期和宽松型货币政策传导效果的影响。这将有利于更好地认识外汇储备对中国货币供给内生性的影响机制,更深刻地了解我国货币供给的内生性过程,以便于货币当局针对货币供给的内生性采取相应措施和制定相关政策来控制货币供应量的稳定增长,防止货币政策的忽松忽紧和经济的忽冷忽热。

第二节　国内外相关研究综述

一、国外相关研究综述

（一）关于货币供给的外生性和内生性

当代西方经济学理论中存在两大代表性学派，一个是以凯恩斯（Keynes，1883～1946年）为代表的凯恩斯主义学派，另一个是以弗里德曼（Friedman，1912～2006年）为代表的货币主义学派。二者在政策主张上存在较大分歧，例如，凯恩斯主义认为如果市场存在非充分，货币数量的变动可以导致利率的变动，从而影响投资，最终导致实际国民收入的变动。主张政府采取相机抉择的宏观政策，根据市场需求情况机动灵活地采取相应措施，并提倡财政政策和货币政策的搭配。而货币主义认为从长期来看，货币数量变动的结果是物价水平的变动而非实际国民收入的变动，但在短期内货币数量的变动可能导致国民收入的变动。主张政府采取单一货币规则，公开宣布一个长期稳定的货币增长率，维持货币供应量增长率和国民生产总值增长率相适应，就可以抑制通货膨胀。但凯恩斯主义和货币主义学派却存在着共同的理论前提，即认为货币供给是由中央银行完全控制的外生变量。这使得货币供给外生性成为当代主流经济理论和各国央行主张宏观调控的默认前提。

但是从各国经济发展和宏观调控的历史来看，以货币供应量为控制目标的货币政策并非总是那么有效。例如，美国1929年经济大萧条时期，货币当局通过调整货币供应量并没有使美国经济走出衰退。20世纪70年代世界经济出现滞胀现象，传统货币政策也无计可施。20世纪90年代日本经济衰退时期，扩张性货币政策也未奏效。对于这些现象，经济学家们给出了各种各样的理论解释，其中一些学者对货币供给外生性这一理论前提提出了质疑。

其实，货币供给内生性观点早已存在，只是长期没有成为主流思想。直到后凯恩斯主义学派的兴起，货币供给内生性理论才被大肆倡导和宣扬。例如，货币供给内生性思想最早可以追溯到斯图亚特（Steuart，1712～1780年），他在1767年就认为居民的生产活动和日常开支决定着流通中所需的货币量，多余或不足的货币会被货币的储藏手段和象征货币所调节。斯密（Smith，1723～1790年）对斯图亚特的思想进行了扩展，他认为本国市场中商品的价值和货币流通速度决定着货币量，并且进一步研究了在银行制度下，象征货币（银行券）具有派生货币和调节货币量的功能。另外，他还认为在开放经济条件下多余或不足的货币会通过商品进出口的方式进行调节。熊彼特（Schumpeter，1883～1950年）提出了企业家为了创新而产生信贷需求，这种信贷创造了存款，并创造出更多的实物资本。这种信贷供给是由微观经济主体的信贷需求倒逼形成的。伴随着非银行金融机构的发展，1959年英国拉德克利夫委员会（the committee on the working of monetary system）提出整个金融系统，尤其是非银行金融机构创造的流动性并非中央银行所能控制。另外，公众会寻找各种方式创造流动性以满足他们的支出需求而不受现有货币量的限制，公众创造的流动性也并非中央银行能够控制。因此，中央银行将货币供应量作为货币控制目标是不恰当的，应将利率作为货币政策目标。格利和肖（Gurley and Shaw，1960）认为随着金融创新的加快和金融产品多元化，非银行金融机构和银行都可以充当信用中介，货币供给不再仅仅取决于银行体系的货币创造，非银行金融机构的金融资产对商业银行货币资产的替代能力不断提高。金融机构和金融产品多样化导致货币供给具有内生性，不再是一个外生变量。詹姆斯托宾（James Tobin，1961）认为由于银行与非银行金融机构之间、货币与其他金融资产之间的区别日益模糊，社会公众对资产结构的选择将对货币供给产生影响，存款创造过程反映了金融机构与私人单位之间的经济行为，这是货币当局无法直接控制的。

第二次世界大战后货币政策的失败以及 20 世纪 70 年代以后金融创新的发展等，为后凯恩斯主义经济学家系统地分析货币供给的内生性提供了现实基础。但根据分析问题的角度不同，后凯恩斯主义的内生货币供给理论又可以分为三种不同的观点，即适应主义的观点、结构主义的观点以及流动性偏好的观点。

适应主义观点的代表人物主要有温特劳布（Siney S. Weintraub）、卡尔多（Nicholas Kaldor）和莫尔（Moore B. J.）等。温特劳布（Siney S. Weintraub, 1983）假设货币流通速度固定不变，劳动成本之上的某种加成决定着商品价格，名义工资率超过平均劳动生产率的增长将导致物价水平上升，并带来既定实际产出水平上的交易性货币需求的增加。卡尔多（Nicholas Kaldor, 1982）认为国内市场需求、投资、出口等因素变动都可能引起实际产出的增加，从而引起货币需求增加。中央银行的基本职责是扮演最后贷款人的角色，保证金融机构的偿付能力。对于货币需求的任何增加，中央银行都需要给予满足，因此货币供给是适应性供给，并且内生于经济体系。莫尔（Moore B. J., 1988）认为公众的贷款需求决定了商业银行信贷规模，银行贷款创造了存款，存款创造了准备金需求，而中央银行会适应性提供所需要的准备金。

结构主义观点的代表人物主要有罗西斯和帕利（Rousseas and Palley）等。他们认为商业银行通过创新的负债管理拓宽了融资渠道，如能够从联邦市场、欧洲美元市场和信用违约互换市场借入资金，并通过持有证券建立二级准备金制度，当发生紧急的流动性需求时，银行通过出售证券来融通资金。这样，在准备金存量较低的情况下，银行系统也能够通过融资发放更多贷款，中央银行对商业银行的控制能力减弱，对货币供给的控制失灵。

流动性偏好观点的代表人物主要有戴姆斯科（Dymski）等。他们分析了企业和家庭户的流动性偏好对商业银行流动性管理和信贷能力的影响。商业银行流动性偏好的目标在于避免出现流动性短缺和偿付风险。银行面临着对于未来流动性需求的不确定性，需要对企业和家庭的流动性偏好做出预测。由此，商业银行和企业、家庭的流动性偏好就密切联系在了一起。企业家庭流动性偏好的改变将影响商业银行的流动性偏好和准备金水平，从而影响商业银行提供贷款的能力和货币总供给。

（二）关于开放经济中的货币供给

20世纪50年代之后，世界各国的经济联系日益加强，经济全球化对世界各国经济产生了深远影响。经济学家开始建立开放经济研究框架，分析货币和财政政策对内外部经济的调节作用。詹姆斯·米德（J. Meade，1951）提出著名的"米德冲突"，认为在盯住汇率制下，如果通胀和国际收支顺差同时存在，或者失业与国际收支逆差并存，则表明经济的内部均衡与外部均衡之间发生了冲突，开支变更政策将陷入左右为难的困境。马库斯·弗莱明（J. Marcus Flemins，1962）和罗伯特·蒙代尔（Robert A. Mundell，1963）建立的"蒙代尔—弗莱明"模型分析了开放经济中固定和浮动汇率制度下货币政策和财政政策的有效性。其结论认为，在资本完全流动和浮动汇率条件下，货币政策比财政政策更有效；而在资本完全流动和固定汇率条件下，财政政策更有效。美国经济学家保罗·克鲁格曼（Paul Krugman，1999）提出的"不可能三角"理论指出一国（地区）不可能同时拥有固定汇率、资本自由流动和独立的货币政策，在实现其中两种目标的同时必须放弃另一种目标。

早期的开放宏观经济理论为各国政府制定宏观政策提供了重要参考，但是由于缺乏微观基础而忽视了生产、消费和汇率之间的相互作用。20世纪90年代之后，奥伯斯菲尔德和罗戈夫（Obstfeld M. and Rogoff K.，1995，1996）在前人研究的基础上考虑了消费和生产主体最优化的微观基础，建立了跨期垄断竞争的动态经济模型，使得对国际经济政策的福利分析成为可能，被称为"新开放宏观经济学"。宏观经济学领域的许多问题在新开放宏观经济学模型框架下被重新思考。

实证研究方面，针对开放经济条件下宏观经济政策的分析主要集中在对"不可能三角"理论的验证上。在对三元悖论的实证分析中，首先需要明确一个国家实行的是固定汇率制还是浮动汇率制。但有些国家官方公布的汇率制度和实际施行的汇率制度存在偏离。国外一些研究文献的做法是认为一国政府是怎样做的比怎样说的更重要，需要根据政府的实际行动去确定其实施的是怎样的汇率制度，例如，奥伯斯菲尔德和罗戈夫（Obstfeld M. and Rogoff K., 1995）、卡尔沃和赖因哈特（Calvo and Reinhart, 2001, 2002）、赖因哈特和罗戈夫（Reinhart and Rogoff, 2004）等。关于一国的资本是否可以自由流动的度量，国外的实证分析一般依据国际货币基金组织对一国资本管制程度的分类来确定，这种分类只在近数十年具有可比性，更早期的数据分类标准不具有可比性。关于货币政策独立性的指标选择，奥伯斯菲尔德和泰勒（Obstfeld and Talor, 2004）认为使用货币总量作为货币政策指标并不理想，因为这不容易识别货币总量的冲击是来自货币需求还是来自货币供给，而且货币流通速度的稳定性很难得到保证。因此，他们选择了可观察的短期名义市场利率作为货币政策指标，因为中央银行常常以利率作为盯住目标，而不是货币总量。即使利率不是中央银行主要的货币政策工具，货币政策的改变对名义市场利率的影响也很直接，因此可以将其作为货币政策的衡量指标。他们使用名义市场利率而不是实际利率的原因在于，首先，中央银行以名义利率为政策目标工具。其次，在国际资本自由流动条件下，可信的固定汇率制度表明一国的名义利率应该和基准国家或者核心国家的名义利率相一致，但在这些条件下实际利率并不一定一致，无法进行比较分析。奥伯斯菲尔德和泰勒（Obstfeld and Talor, 2004）使用1870~2003年的较长时间序列数据，并区分为第一次世界大战之前（1870~1913年）、布雷顿森林体系时期（1959~1973年）和布雷顿森林体系瓦解之后的时期（1974~2003年）三个时间段分析了金砖国家的不可能三角问题。实证结论认为不可能三角理论对于政府政策的制定具有科学的指导意义。在资本自由流动条件下，与浮动汇率制度相比，实行固定汇率制度国家的名义市场利率与基准国家的名义利率一致性更强。实行盯住汇率制的国家其名义市场利率随着基准国家利率的变动而变动。而且，实行盯住汇率制的国家，其名义市场利率跟随基准国家利率的变动速度更快,长期相关关系更紧密。格利克和哈奇森(Glick and Hutchison,2009)认为中国政府为了更好地协调不可能三角,已经进行汇率制度改革,允许人民币汇率波动。但是经常项目和资本账户双顺差不断加大人民币升值压力,中国货币当局不得不频频干预外汇市场,以控制人民币升值速度。文章通过使用1992年一季度至2007年四季度时间序列数据建立VAR和VECM模型,检验了中国外汇储备积累对基础货币和货币总供给以及通货膨胀的影响效应。实证结果认为中国经常项目顺差、外商直接投资和非FDI国际资本流入,加上人民币有限升值的汇率目标,牺牲了中国控制通货膨胀的货币政策目标。中国央行试图通过发行央行票据冲销基础货币的投放,但是2006年冲销力度的减小,加上外汇储备的持续大规模增长,导致基础货币增长加快。货币当局通过提高存款准备金率和信贷额度控制防止货币供给总量过快增长,但是存款准备金率的上调只在短期内具有减轻通货膨胀压力的效应,而且即使在这样的背景下,通货膨胀率依然呈上升趋势。艾珍曼和森古普塔(Aizenman and Sengupta,2011)认为中国和印度是两个较大的发展中国家,在经济发展中面临相似的挑战,并且都受益于对外开放和国际贸易。两国的金融体系和市场长期受到政府管制,并以国有企业为主。近十年来,两国都加大资本账户开放力度和对外贸易程度。两国都具有丰富的廉价劳动力,崛起的中产阶级消费者,以及较快发展的市场经济,都吸引了大量的外商直接投资。在世界经济中进行着激烈的竞争,中国成为世界工厂,以制造业著称,印度成为世界办公室,以服务业著名。两国的对外开放和经济发展带来了大量的外汇流入,导致国内实际汇率升值,但是为了促进出口贸易,两国政府都尽量减少汇率波动,这带来两国通货膨胀水平的上升,三元悖论矛盾突显。文章通过对中国和印度两国1990年一季度至2010年四季度的时间序列数据进行分析,比较两国三元悖论矛盾的异同。实证结果发现,在中国,货币政策独立性对通货膨胀不存在显著影响。然而,汇率的稳定和资本账户开放是以提高通货膨胀水平为代价的。中国经济的快速增长导致人民币实际汇率的升值，与此同时，名义汇率的稳定带来通货膨胀。在印度，货币政策独立性与通货膨胀水平却显著相关。汇率的稳定也是以较高的通货膨胀率为代价的，因为印度经济的快速增长也导致实际汇率的升值。然而，印度资本账户的开放对通货膨胀的影响并不显著。

部分外文文献专门探讨了外汇储备与通货膨胀和货币供给之间的关系。昆霍夫（Kumhof M.，2004）建立了一个在实行固定汇率制度、资本管制和强制结售汇条件下的理论模型，为后来的学者研究外汇储备和货币供给及货币政策影响提供了参考。塔拉特安瓦尔（Talat Anwar，2004）通过对巴基斯坦等南亚国家的外汇储备进行研究认为，外汇储备并不一定会引起通货膨胀，将外汇储备投资于实物基础设施和人力资本开发，不仅能够使国家免于外部负债，而且有利于提高就业水平。戈斯林等（Marc – Andre Gosselin et al，2005）通过对亚洲八个新兴经济体的长期储备需求进行分析，指出当一国货币当局积累大量的外汇储备时，面临着放弃钉住汇率或者失去货币政策独立性的两难选择。马格纳斯（Magnus，2006）探讨了撒哈拉以南非洲地区的流动性过剩及其对货币政策的影响，认为商业银行持有超过预防动机需求的超额准备金是导致该地区出现流动性过剩的主要原因，其实证结果显示流动性过剩削弱了货币政策传导效率并导致央行的调控能力下降。

（三）关于外商直接投资对国内投资的影响

钱纳里和斯特劳特（Chenery and Strout，1966）认为，外商直接投资能够弥补东道国经济起飞所需要的资本缺口和外汇缺口，提高国内的投资水平，新设企业能够扩大国内投资规模。辛恩（Sinn，1992）对经济合作与发展组织23个国家1960~1988年的研究表明，国际资本流动对东道国国内储蓄与投资的转化产生了显著影响。具体地说，样本国内储蓄与投资的相关系数由1960年的0.0081下降到1986年的0.0064。自1991年以来，联合国贸易和发展会议（UNCTAD）每年发布年度报告（*World Investment Report*），对上一年度外商直接投资发展动态及其对全球经济的影响做出主题性报告，其中1999年度报告用很长篇幅专门讨论了外商直接投资挤出（入）效应，足以说明该研究主题的重要性。考虑到区域的差异性，UNCTAD（1999）则发现，外商直接投资对亚洲国家的国内投资普遍是中性效应和挤入效应，对拉丁美洲国家则普遍是中性效应和挤出效应，而对非洲却是三种效应都存在。博斯沃思和柯林斯（Bosworth and Collins，1999）研究了1979~1995年58个发展中国家的资本流入（包括外商直接投资、证券投资和银行贷款）对国内投资的影响，发现资本流入量每增加1个单位，相应投资总量会增加0.5个单位。但是，不同形式的资本流入对投资的影响也不尽相同：1个单位的外商直接投资流入基本上对应1个单位的投资增加，表现呈中性；而证券投资则对投资没有贡献；银行贷款则介于两者之间。马库森和维纳布尔斯（Markusen and Venables，1999）通过建立理论分析框架分析了跨国公司通过竞争和溢出效应对东道国企业可能产生的影响。他们认为，跨国公司可能通过关联效应（后向）导致当地产业部门建立，这些部门进一步发展壮大会超过跨国公司，甚至会把跨国公司挤出本地市场。艾特肯和哈里森（Aitken and Harrison，1999）对委内瑞拉制造业的研究则得出外商直接投资溢出效应并不存在。阿戈辛和迈耶（Agosin and Mayer，2000）在新古典理论的框架下构建了国内投资方程，并认为流入到东道国的外商直接投资变量外生，由此推导出总投资与外商直接投资之间的理论关系，然后，利用1970~1996年39个国家的面板数据进行了实证分析，结果表明，中性效应占主要地位的共有19个国家，挤出效应或挤入效应占主要地位的各有10个国家。就地区格局而言，亚洲国家普遍是中性效应和挤入效应，而拉美国家普遍是中性效应和挤出效应，非洲国家则是两种效应都存在。米尚和汤姆西克（Misun and Tomsik，2002）对波兰、捷克和匈牙利的分析结果都大致支持了外商直接投资对不同国家国内投资的影响存在差异的结论。

二、国内相关研究综述

改革开放以前，在高度集中的计划性货币调控体系下，中国的货币供给属于外生性供给。随着我国中央银行和准备金制度的建立，货币的内生性和外生性的提法开始出现在一些货币理论的文献中。从已有研究文献来看，我国货币供给内生性问题从 20 世纪 80 年代中后期开始就一直存在，只是随着经济体制的改革和市场环境的变化，货币供给内生性表现出了不同的阶段性特征。

(一) 1984~1995 年的货币供给内生性

这一阶段中国货币供给的内生性主要表现为在企业和政府压力下银行信贷的刚性和信贷供给的"倒逼机制"。王松奇（1992）认为 20 世纪 80 年代中后期中国的货币供给内生性可以使用"倒逼机制"的概念来描述。在当时中国特殊的体制环境下，国营企业占据生产部门的较大比重，国营企业的借入资金基本由银行贷款构成。不让国营企业破产、不让工人失业、维持安定局面成为国家银行的重要职责。国营企业不论经济效应和信用状况如何，都能得到贷款。在地方财政分权后，发展本地区经济、扩大生产、增加就业，成为地方政府的普遍行为。即使一些企业盈利能力和经济效益很差，为了避免企业破产带来的地方收入减少、工人失业等一系列麻烦，地方政府也会为了保护当地企业利益而向银行施加压力。银行只能被迫顺应地方政府和国营企业的要求，出于稳定职工就业和收入等考虑，满足企业的贷款需求。国营企业和地方政府对国家银行的资金依赖迫使货币供给内生性增长。持有相同观点的还有徐黎鹰（1992），其研究认为在我国 20 世纪 80 年代中后期的公有制为主体的经济中，银行为中央和地方的生产计划提供资金保障是应尽的义务和基本职能。这导致银行的信贷供给取决于生产者的信贷需求。许健（1997）认为转轨时期我国财政供求关系不平衡的基本财政条件下，以财政支出为手段的政府干预无法发挥作用，企业融资不可替代性导致信贷分配成为企业主要资金来源，正是这种信贷配给制度维持了高成本的经济增长率。货币供给替代财政支出成为支撑和保持经济稳定增长的主要手段，导致了转轨时期信贷刚性和货币供给的内生性问题。石良平、肖海燕（1999）分析了中央银行投放基础货币的三种渠道，分别是外汇占款、农副产品收购贷款和再贷款，发现每个渠道的基础货币供给都具有较强的内生性。另外，他们还分析了影响货币乘数的三大主要因素，分别是通货存款比率、法定存款准备金率和超额存款准备金率。发现通货存款比率主要受货币流通速度、市场利率和地下经济活动规模的影响，由公众自行决定。超额准备金率主要受市场利率和商业银行资产负债管理的影响。因此，货币乘数也不是由中央银行独立决定的，货币乘数也表现出不稳定性，内生性特征明显。陈军、李慧敏、陈金贤（1999）使用 1985～1997 年的 M1、M2 和名义 GDP 数据进行因果关系检验，发现 GDP 是 M2 的 Granger 原因，滞后期为两年，说明 M2 具有内生性。但文章不能得出 GDP 是 M1 的 Granger 原因。冯玉明、袁红春、俞自由（1999）对我国各层次的货币供应量 M0、M1、M2 和工业生产总值 GIP 之间的因果关系进行检验。结果表明各层次的货币供给都是由 GIP 的 Granger 原因引起的，我国各层次货币供给都在不同程度上表现出一定的内生性。周诚君（2002）认为 1995 年以前，我国货币供给中的"倒逼机制"主要是由短缺经济中的"投资饥渴症"和企业、银行的软预算约束共同导致的。地方基层银行受制于地方政府，与地方"利益一体化"，共同向中央银行倒逼货币供给，导致了超额的货币供给。

（二）1996～2000 年的货币供给内生性

这一阶段中国货币供给内生性主要表现为内生性通货紧缩或者说是"流动性陷阱"。1996 年 5 月以后，为了应对国内外经济形势的变化，中国先后采取了一系列扩张性货币政策措施。1998 年中国人民银行推出多项金融改革措施，以增加货币供给，刺激经济增长。但扩张性货币政策效果并不尽如人意，货币供给扩张受阻，通货紧缩加剧。一些国内学者从货币供给内生性角度对这一现象进行了解释。赵平（2000）认为当时人民币贬值预期导致资本外流，进而导致微观主体对未来收益的不确定性增加并缩减支出，带来经济中有效需求不足。在信贷领域出现了企业投资信贷需求下降和银行"惜贷"现象，再加上大规模资本外流，使货币需求明显下降，直接制约了货币供给的扩张。石良平、肖海燕

（2000）也认为当时的通货紧缩和货币供给增长速度的放慢是由于货币供给的内生性引起的。倪成伟（2000）分别从居民消费需求、企业投资需求和银行信贷意愿三个方面阐述了货币供给的内生性和通货紧缩的原因。认为当时城乡居民收入增长的缓慢，以及住房、教育、医疗和社会保障等体制方面的改革，导致居民预期消费支出增加并减少当期消费。由于社会平均利润率的降低和难以找到良好的投资项目，企业的投资需求不旺，降息并不能增加企业的投资和信贷需求。随着国有银行的企业化，面对企业效益的滑坡和较高的信用风险，银行的信贷意愿大大降低，出现以规避风险为特征的"惜贷"现象，导致银行存差不断增加。居民、企业和商业银行等微观主体的行为决定了货币供给，货币供给量的变动是内生的，导致扩张性货币政策难以奏效。周诚君（2002）认为 1995 年之后的通货紧缩主要由过剩经济和企业、银行的软约束向硬约束转变共同导致。首先，过剩经济和供大于求促成买方市场的形成，消费者行为对货币供给的影响越来越重要，居民预期收入的减少和预期支出的增加导致现期消费需求下降，从而出现高储蓄率和社会消费低迷的状况。其次，地方政府和国有企业的软约束正在逐步被硬约束所取代。在消费需求较低的环境下，企业对未来市场信心不足，投资需求下降。另外，政策性业务从国有银行的剥离使国有银行进一步向商业银行转变，使它们的风险意识增强，其软约束也在逐步被硬约束所取代，使国有商业银行出现了"慎贷"甚至"惜贷"现象。过剩经济状况下，我国货币供给具有较强的内生性，消费者、企业和商业银行的上述行为共同导致了扩张性货币政策的传导不畅。

（三）2001 年至今的货币供给内生性

在这一阶段，中国货币供给的内生性主要表现为"货币超发"现象。主流观点认为 2001 年之后中国货币供给的扩张主要是由外汇储备的快速增长导致的，外汇储备通过外汇占款投放大量基础货币使得货币供给在源头上失去了控制，货币供给内生性增强。但也有不少学者从其他角度分析了 2001 年之后货币供应量内生性扩张的影响因素，例如，金融市场发展、商业银行内部体制改革、货币流通速度、电子货币的流行、经济货币化进程、房地产市场发展、财政支出、固定资产投资增长等。部分新近文献专门研究了2008年金融危机之后，中国内生性货币供给对通货膨胀的影响。关于外汇储备对我国货币供给影响方面的文献又可以分为三大类：

1. 外汇储备与基础货币的相关研究

黄燕芬、顾严（2006）从货币当局资产负债表出发，比较分析了1998年取消贷款规模限制前后基础货币的主要来源及其变动。协整分析结论认为，1998年之后，国外净资产、对银行机构债权、对政府债权、政府存款和人民银行债券构成了基础货币的主要来源。其中的国外净资产以外汇占款为主，其变化是由国际收支情况决定的，对政府存款的变动央行也只能被动地应对，央行对基础货币的调控能力十分有限，基础货币的内生性特征明显。岳意定、张璇（2007）认为外汇储备对基础货币的影响渠道主要是货币当局在外汇市场中买入外汇干预汇率，从而形成外汇占款，投放基础货币。文章使用1994年一季度至2006年一季度的季度数据，通过协整检验和向量自回归模型检验发现，外汇储备对基础货币的影响十分显著。黄武俊、陈漓高（2010）认为分析货币供给的可控性可以从两种思路出发，一是分析基础货币投放和回收的可控性，二是分析货币乘数各影响因素的可控性。文章主要从第一种思路出发，基于央行资产负债表分析基础货币投放和回收渠道的可控性。并以2007年7月汇率制度改革为分水岭，将2002年9月至2008年12月分为两大样本区间，通过建立VAR模型和脉冲响应函数勾勒出基础货币主要来源的变动对基础货币的动态冲击过程。实证结果发现汇改后净国外资产增量变化成为基础货币增量变化唯一Granger原因，净国外资产增量对基础货币冲击的贡献率较汇改前明显增大。发行票据等对冲基础货币过快增长的手段效果不明显，央行已不能通过控制基础货币数量来调控货币供应量。栗勤、王少国、胡正（2013）分析了中央银行资产负债表的结构，详细研究了在三种不同的外汇管理体制下外汇储备的变动对基础货币、货币乘数及货币供给的影响机制，发现近十几年来，外汇占款已经成为影响我国中央银行货币发行最重要因素，并成为推动持续通货膨胀的重要因素，得出了在开放经济条件下，我国经济通货膨胀与外汇占款存在显著的正相关关系的结论，给出了必须采取科学合理的举措，挽救由于外汇占款激增导致的货币超发的问题，才能管理好通货膨胀的建议。尹继志（2015）则指出，2012年以来，我国外汇占款增速放缓，使中央银行逐渐具备了从被动的外汇占款投放基础货币转向主动多渠道投放基础货币的条件，得出了我国中央银行应使基础货币投放渠道的多样化，在拓宽基础货币的常规投放渠道的同时，创新更多的流动性调节工具的结论。陈燕、邹力宏（2016）依据1999～2015年我国人民银行的资产负债表，分析我国基础货币的主要来源及其结构的变化，了解中央银行的货币政策及其操作吞吐基础货币的机制实质，得出了外汇占款的快速增长给国内货币市场的平衡带来了巨大压力，通过外汇占款来投放基础货币的方式正逐渐被改变的事实，表现了外汇占款对基础货币的变动有重要意义，给出了优化中央银行的资产负债表应该通过有效操作货币政策来增强央行的调控能力，以及基础货币的投放机制需要重建的建议。

2. 外汇储备与商业银行信贷行为的相关研究

张雪芳、王妙如（2007）分析了1997～2005年我国国有商业银行的流动性过剩及其影响因素问题。作者以存贷差为因变量，以外汇储备、上证指数和企业债券发行量作为自变量，定量分析了各因素对流动性过剩的影响程度。实证结果表明对商业银行流动性过剩影响程度最大的因素为外汇储备，然后为企业债券发行额和上证指数。吴丽华（2008）认为在外汇资产大规模流入的背景下，提高法定存款准备金率虽然可以冻结一部分流动性，在一定程度上起到回笼流动性的作用。但是由于我国商业银行存在巨额超额存款准备金和流动性过剩的条件下，提高法定存款准备金率很难对货币量紧缩产生实质性的影响。张春生、吴超林（2008）认为M2/GDP的高值及高速增长主要是由转轨时期中国的金融控制引起的。一方面，外汇储备不断流入，强制结售汇制度引起基础货币的超量发行，导致商业银行的资金供应超过了经济体系的资金需求，带来商业银行大量资金的闲置和流动性过剩。另一方面，商业银行在金融控制下信贷资金更多地向国有企业配置，从而引起资金生产效率的低下。商业银行负债方的快速增长与资产方效率低下的共同作用导致 M2/GDP 不断升高。冉光和、刘世香（2009）在对商业银行流动性过剩形成的理论分析基础上，运用 2001～2007 年的月度数据，对商业银行流动性过剩及其影响因素进行了实证研究。结论认为外汇占款规模不断扩大直接导致了商业银行存差的不断扩大，除此之外，储蓄率过高和资本市场发展相对缓慢也对商业银行流动性有显著影响，加剧了商业银行的信贷资金过剩。张亮、孙兆斌（2009）认为出口企业持有的外汇转为商业银行的外汇资产，然后由商业银行外汇资产再转为中央银行外汇资产，同时引起商业银行在中央银行存款的增加。在我国国际收支顺差不断增加的情况下，中央银行通过公开市场业务回收流动性的速度赶不上外汇占款增加的速度。未能被冲销的流动性主要流入银行系统，成为银行体系流动性过剩的主要原因。徐明东、陈学彬（2011）进一步关注了流动性总量过剩问题背后的流动性分配结构问题。文章在中国持续大规模顺差的现实背景下，利用微观面板数据检验了 2001～2009 年银行结售汇市场份额对银行信贷供给的影响。研究结论显示，国际收支持续大规模顺差导致的流动性供给主要集中在大型银行。在控制了其他因素影响的情形下，结售汇市场份额越大的银行，其信贷供给意愿和能力越强，对存款准备金率等货币政策工具的反应敏感度越低。国际收支顺差的流动性分配效应提高了大型银行的流动性，弱化了存款准备金率等政策工具对信贷扩张的调控作用。

3. 外汇资产对 M2 和通货膨胀影响的相关研究

方先明、裴平、张谊浩（2006）选择 2001 年一季度至 2005 年二季度的样本数据检验了中国外汇储备增加的通货膨胀效应。Granger 因果检验表明外汇储备是基础货币的显著原因，基础货币是物价指数的显著原因，外汇储备增加有明显的通货膨胀效应。李超、周诚君（2008）使用2000~2007年的季度数据作为样本空间，对货币供应量 M2 和外汇储备间的关系进行了实证分析，Granger 因果检验显示货币供应量和外汇储备互为因果关系。最小二乘法回归结果显示外汇储备对 M2 的解释能力非常强，只存在外汇储备单个解释变量的回归方程拟合优度达到 0.99，拟合度较高。作者认为，从长期来看，需要从根本上改变外汇储备与货币供应之间的被动关系，改变经济非均衡增长格局。张鹏、柳欣（2009）认为外汇储备增加影响物价水平的传导机制为：外汇储备增加→央行发行票据对冲→商业银行超额准备金增加→信贷增加→货币供给增加→物价上涨。文章通过对 2000 年第一季度至 2008 年第一季度的样本数据进行实证检验发现，外汇储备是基础货币的 Granger 原因，同时是消费者价格指数的 Granger 原因。周铁军、刘传哲（2009）认为国际收支主要通过两种途径影响货币供给，一种是货币需求机制：出口增加→国内生产规模增加→生产资金需求增加→贷款增长→货币供给增长。另一种为汇率安排机制：国际收支增加→外汇储备增加→外汇供给增加→央行买入外汇稳定汇率→基础货币投放增加→货币供给增长。文章使用 1996 年 1 月至 2007 年 12 月的月度样本数据进行实证分析，Granger 因果检验表明外汇储备是货币供给量 M2 变化的原因。状态空间模型检验了外汇储备对 M2 影响效力的变化，发现 1996 年汇率改革后，外汇储备对货币供给的作用力度不断增强，在 2004 年达到峰值，2004~2007 年影响略微下降，但仍保持在较高水平。总体来看，外汇储备成为中国货币供给的主要影响因素，而且作用呈增强趋势。袁仕、陈范明（2012）认为虽然外汇资产的大量流入扩大了我国央行以外汇占款形式发行的基础货币，但我国的货币供给在一定程度上独立于国际资本。文章的实证分析结论表明央行的货币冲销系数基本维持在 0.98~1.03 之间，央行对外汇资产积累导致的基础货币投放进行了高效的冲销，基础货币和货币供应量受国际资本的影响微弱。肖琦、王迪（2016）研究了外汇占款率下降对我国货币供给的影响，得出从 2011 年开始，外汇占款对我国货币供给的影响较之前有所下降，央行应大量增加金融机构贷款来补充流动性的结论，建议未来央行应建设新常态的货币供给机制，积极面对新形势，稳定市场的总体流动性水平。

除了外汇储备对货币供给的影响之外，学术界也关注了其他因素对中国货币供给内生性的影响。柳欣、靳卫萍（2002）的研究发现财政支出与M2呈正相关关系，加大财政收支力度在很大程度上影响了M2，货币供给存在内生性。范从来（2004）从研究货币流通速度入手，说明我国货币流通速度的不稳定性增加了中国的货币供给的不可控性和不可测性。周光友、邱长溶（2005）认为20世纪90年代后期，一种新型支付工具电子货币的出现，加大了货币供给的内生性。郑捷、李霁友（2007）认为，首先，我国商业银行存贷利差的扩大，导致逐利性的商业银行具有发放更多贷款、创造更多货币的偏好；其次，商业银行的短期融资能力有了很大提升。这导致央行对商业银行信用货币供给的控制能力下降，货币供给内生性增强。王杰、谢明（2007）使用1981~2001年的年度数据，选取国内生产总值GDP、固定资产投资、政府财政支出作为解释变量，M2作为被解释变量，检验我国货币供给内生性问题。结果表明我国货币供给与产出、投资之间存在着双向Granger因果关系，与政府支出之间存在单向Granger因果关系。货币供给受固定资产投资、政府财政支出和GDP的影响，存在货币供给被动适应经济形势的趋势，货币供给具有一定的内生性。江春、李征（2007）通过修正传统的IS–LM模型，从理论角度分析了我国货币供给的内生性问题，认为高额的外汇储备所造成的外汇占款是影响我国货币内生性的重要原因。王静、魏先华（2012）使用2001年第二季度至2011年第二季度的季度数据实证分析了我国货币供给的内生性，结果表明，基础货币和货币供应量M1、M2之间不存在长期均衡关系，货币乘数是非平稳的，在长期内不可测。货币供应量M2与国内生产总值、消费物价指数之间存在长期的稳定关系，说明GDP、CPI等经济变量对我国货币供给的内生性影响较为显著。徐宏等（2013）通过对我国2000年以来货币供给情况的分析，得出我国的货币供给量是一个明显的内生变量，受到经济自身因素的制约。文章实证分析了基础货币、通货存款比率和准备金存款比率三大因素对货币供给的影响，发现其中通货存款比率的变化对货币供给的影响最大，我国通货存款比率从 2000 年的 15.65% 降低到 2013 的 5.5%，变化幅度非常大，反映了居民及企业流动性偏好的不断降低。于泽、罗瑜（2013）利用 2002 年 1 月至 2013 年 5 月的月度数据进行实证分析，通过样本内和样本外 Granger 因果检验说明了我国货币是内生于经济，再次确认了我国货币供给的内生性质，即信贷需求产生了货币。文章还认为在货币供给内生性条件下，货币不再是通货膨胀的原因，二者是同时决定的。文章通过实证检验发现，货币供给和通货膨胀这两个变量背后的共同原因主要是投资，高速增长的投资导致了货币供给的扩张和通货膨胀。如果要控制我国的通货膨胀，控制投资就是一个必然选择。姬莹（2014）认为近年来电子货币的发展在一定程度上增加了银行的流动性，在既定的准备金条件下，银行可用于贷款和投资的资金就会增加，派生存款的能力也相应增加，导致货币乘数上升。另外，在电子货币条件下，电子货币代替了部分流通中现金，增加银行活期存款，通过降低现金漏损率而提高货币乘数。因此，电子货币的兴起在某些方面增强了货币的内生性扩张能力。

1998 年亚洲金融危机时期，我国中央银行实施的宽松货币政策并没有带来货币供给的增长，反而出现通货紧缩。与此相反，2008 年金融危机后，中央银行仅实施了短暂的经济刺激政策，却带来货币供给的快速增长和长期的通货膨胀。不少学者从货币供给内生性的角度对此现象进行了解释。周莉萍（2011）认为 2008 年金融危机后中国货币供给的内生性增强，私人货币供给主体的行为直接决定了货币总量的走势，其中主力是商业银行。金融危机时期，美联储实施的定量宽松货币政策却没有非常顺畅地被扩散至实体经济领域，原因是商业银行和影子银行始终将资金留在央行账户或库存，缺乏动力创造货币。黄永涛（2011）认为 2008 年金融危机之后的通货膨胀和流动性过剩是由货币供给内生性造成的。首先，地方政府融资负债数额较大，例如，2010年我国地方政府融资负债约10万亿元，占当年末人民币贷款余额的20.9%。地方融资具有软约束，容易游离于中央银行的调控之外。其次，在央行上调法定存款准备金率紧缩信贷的环境下，企业存款大幅下降，直接转向投资或经营领域，居民储蓄存款通过民间借贷途径投向企业或经济实体，形成罕见的"全民借贷"现象，直接抵消了央行的调控效果。刘国亮、陈达飞（2012）认为2007年以来央行不断提高准备金率却没有达到收缩银根的目的，其原因在于我国存贷利差较大，通胀预期较高，由于资本的逐利性，商业银行、信用社和民间钱庄绞尽脑汁吸收客户存款发放贷款以赚取利差，中小金融机构的资金规模越来越大，使得信贷规模持续扩张，央行已经不能完全控制货币的供应，货币内生理论更符合中国的现状。吴立雪（2014）通过对中国数据的检验发现，认为中国经济增长的背后是大量的投资，投资是靠信贷支撑的。多重因素叠加提高了投资信贷需求，增加了货币的内生性供给。尹继志（2015）则指出，2012年以来，我国外汇占款增速放缓，使中央银行逐渐具备了从被动的外汇占款投放基础货币转向主动多渠道投放基础货币的条件，得出了我国央行应使基础货币投放渠道的多样化，在拓宽基础货币的常规投放渠道的同时，创新更多的流动性调节工具的结论。肖琦、王迪（2016）研究了外汇占款率下降对我国货币供给的影响，得出从2011年开始，外汇占款对我国货币供给的影响较之前有所下降，央行应大量增加金融机构贷款来补充流动性的结论，建议未来央行应建设新常态的货币供给机制，积极面对新形势，稳定市场的总体流动性水平。陈燕、邹力宏（2016）依据1999~2015年我国中央银行的资产负债表，分析我国基础货币的主要来源及其结构的变化，了解中央银行的货币政策及其操作吞吐基础货币的机制实质，得出了外汇占款的快速增长给国内货币市场的平衡带来了巨大压力，通过外汇占款来投放基础货币的方式正逐渐被改变的事实，表现了外汇占款对基础货币的变动有重要意义，给出了优化中央银行的资产负债表应该通过有效操作货币政策来增强央行的调控能力，以及基础货币的投放机制需要重建的建议。

(四) 外商直接投资对国内投资的影响

国内学者近年来就外商直接投资对中国国内投资的影响问题进行了相关研究,其结论也不完全一致。朱劲松(2001)进一步把实际汇率、利率和通货膨胀率作为控制变量,研究外商直接投资对中国资本形成的影响,得到的结论是,外商直接投资对中国的资本形成和经济增长促进作用是明显的。杨柳勇和沈国良(2002)运用同样的分析框架,使用1985~1999年的宏观数据相对指标进行回归,结果是,外商直接投资从长期来看(或从总体上)对国内投资存在挤出效应。杜江(2002)通过构建联立方程估计外商直接投资对国内资本形成的影响,所得结论是,外商直接投资每增加1美元,通过国内挤出设施投资带动国内投资增加24.208元人民币。陆建军(2003)分别研究外商直接投资在中国各个省份的挤入(挤出)效应,发现外商直接投资对中国大陆的资本形成存在显著的挤入效应,外商直接投资对各地区投资的挤入效应呈现从东到西依次递减的趋势。王志鹏和李子奈(2004)利用中国面板数据研究了外资在东、中、西部地区的相对挤入效应和绝对挤入效应,综合考虑各个模型的结果,作者认为就全国总体而言,外商直接投资对国内投资的挤入或挤出证据不显著。薄文广(2006)进一步分析了外商直接投资在不同时期对各地区国内投资的影响,其结论为,1992年之前外商直接投资显著地挤入了国内投资,1992年之后外商直接投资则对我国的国内投资产生了挤出效应。但综合来看,在全国范围内外商直接投资对国内投资产生了挤入效应。在以出口导向和劳动密集为特征的珠江三角洲地区,外商直接投资的挤出效应比以进口替代和资本深化为特征的长江三角洲地区更加明显。杨新房、任丽君和李红芹(2006)认为外商直接投资对我国国内投资产生了挤入和挤出效应,形成一个净挤入的效果。国明、欧志斌(2008)对我国农林牧渔的八大产业的数据进行了实证检验,结果表明:总体来看,外商直接投资对国内投资存在显著的挤入效应,但是在进入壁垒较高的产业存在不显著的挤出效应,在进入壁垒较低的产业存在显著的挤入效应。方友林和冼国明（2008）将我国29个省、市、自治区划分为中、东、西三个地区来研究外商直接投资对我国不同地区国内投资的挤入挤出效应，采用横截面加权的LS估计方法来进行估计，得出在1994~2006年期间外商直接投资对我国东部和中部的国内投资既不存在挤入效应，也不存在挤出效应，而对我国西部地区存在显著的挤出效应。陈家涛（2009）构建了一个包含外商直接投资的投资模型，在此模型的基础上，考虑到前期投资、前期外商直接投资流入以及前期GDP的增长对当期投资可能存在的滞后效应的影响，利用1991~2007年中国28个省、直辖市和自治区的年度数据，进行回归分析。由于模型中的解释变量存在因变量的滞后期，存在解释变量和误差项的相关性问题，采取了工具变量法消除这种相关性。从当期效应看，外商直接投资对我国东部和中部的投资具有显著的正影响，而西部则具有负影响。从长期效应看，外商直接投资对我国东部和西部地区的国内投资的挤出效应不显著，而对我国中部地区的挤入效应显著。肖志兴和范祚军（2010）却认为外商直接投资对国内资本的投资起到了挤入作用，没有产生挤出效应，对中国的经济增长具有促进作用。余壮雄、王美今和章小韩（2010）认为外商直接投资的进入会使区域资本先流入后流出，而外商直接投资对进入地区产生挤出效应，导致区域资本从西部流到东部，加剧我国地区经济发展的不平衡。李艳丽（2010）将我国划分为东部、中部和西部地区，构建的东道国国内投资方程，推导出总投资与外商直接投资之间的计量模型，利用1996~2007年中国29个省、市和自治区作为面板数据，进行回归分析，得出外商直接投资对东部地区的国内投资产生挤出效应，对中部地区产生挤入效应，对西部地区则产生显著的挤出效应。这并不能反映外商直接投资资金来源的地区结构对国内投资影响的差别，因此将资金来源分为亚洲、非洲、欧洲、拉丁美洲、大洋洲及太平洋岛屿、其他，得出亚洲的外商直接投资产生显著的挤出效应，北美洲的挤出效应最为显著，中国香港和中国台湾地区也产生了较强的挤出效应，其他地区的差距不大。孙致陆、肖海峰（2011）认为外商直接投资对国内投资具有长期挤出效应，而外商直接投资对国内投资具有较强的短期挤入效应，国内投资对外商直接投资也具有较强的挤入效应。黄剑雄（2011）通过建立挤入挤出效应的检验模型得出，外商直接投资对福建省的投资产生了挤入效应，并且给福建省带来了先进的技术，扩大了制造业的生产能力，增强了经济。赵彦志（2011）采用动态面板数据回归模型，利用1998~2008年国内29个地区的年度面板数据进行回归分析检验不同来源地和不同的投资形式外商直接投资对我国国内投资的挤入挤出效应，从来源地看，港澳台外资和外商投资产生了显著的挤出效应；从投资形势看，合资经营企业和合作经营企业对国内投资产生了显著的挤入效应，而外商独资企业却对国内投资产生了显著的挤出效应。马晶梅、王宏起（2011）通过考察我国总体及东部、中部、西部地区的挤出挤入效应，得到如下结果：外商直接投资在我国总体及东部地区存在中性效应；在西部地区同样为中性效应，但是通过滞后项来影响国内投资；而在中部地区挤出挤入效应不明显。汪增群、梁怡（2011）对我国1985~2004年的数据研究后发现，外商直接投资对我国国内投资存在显著的挤入效应。谭之博和赵岳（2014）认为金融发展快的国家，外商直接投资对投资的拉动作用越小，外商直接投资对国内投资产生挤出效应，而当金融发展水平很低的时候，外商直接投资对国内投资产生挤入效应。刘骞文、闫笑（2016）认为在城市群层面，外商直接投资在发展水平较高的城市有较大的挤入挤出效应，"土地引资"的作用不明显，不需要过多的土地优惠政策；但是在发展水平适中的区域性城市群，"土地引资"的效果最显著，增强了外商直接投资的挤入效应；在其他城市，"土地引资"及外商直接投资对国内投资的影响不显著。朱雅玲、张万里（2016）基于中国2000~2013年经济数据，利用动态面板数据模型及广义矩估计考察不同地区外商直接投资对我国国内投资产生的影响以及区域差异。亚洲、拉丁美洲、北美洲和大洋洲地区的外商直接投资对我国国内投资产生显著的挤入效应，欧洲和非洲的外商直接投资则产生显著的挤出效应；在区域层面，亚洲、拉丁美洲、北美洲和大洋洲地区的外商直接投资对我国国内区域投资产生显著的挤入效应，其中西部地区最为显著，中部次之，东部最弱；欧洲和非洲的外商直接投资对东部地区则产生挤出效应，对中部地区产生微弱的挤入效应，对西部地区则具有显著的挤入效应。

第三节　本书的框架结构与研究方法

一、本书的研究思路与框架结构

2001年底中国加入世界贸易组织至2008年世界金融危机，中国经济得益于出口增长经历了黄金十年的迅速发展期。伴随着贸易顺差、外商直接投资以及非外商直接投资国际资本流入，外汇储备规模快速增长。货币当局面对大量外汇流入，为了稳定人民币汇率，在外汇市场上大量购入外汇，通过外汇占款投放了大量基础货币。为了冲销基础货币投放的货币扩张效应，货币当局发行大量央行票据，并不断提高法定存款准备金率。但商业银行持有大量的央行票据，并持有较高的准备金，导致流动性水平的上升，信贷扩张的意愿和能力增强。同时，外商直接投资流入和出口贸易的增长带来生产性投资的增长，投资信贷需求上升。2008年金融危机爆发后，大量外汇储备的存在稳定了市场预期，微观经济主体并没有对未来经济持悲观态度，投资需求依然强劲，在货币当局实施了短暂的刺激性宽松政策后，信贷规模和货币供给快速增长。

本书的研究思路是从外汇储备对基础货币和信贷规模的影响出发，分析外汇储备给中国货币供给内生性带来的影响。其中，外汇储备对基础货币的内生性影响主要是通过银行结售汇制度和外汇占款的形成产生的。外汇储备对信贷规模的影响分为两大方面：一是通过提高商业银行流动性水平增强其信贷供给意愿和能力；二是通过推动固定资产投资提升信贷需求。而在2008年金融危机爆发后，外汇储备的积累对信贷增长的内在影响机制还包括稳定了商业银行和投资者的预期和信心，并没有出现商业银行惜贷和企业投资意愿下降的现象。本书首先进行了外汇储备与货币供给内生性方面的理论分析，然后使用中国的时间序列数据进行实证检验，最后给出结论并提出相关政策建议。

本书的研究框架为：第一章是导论，明确本书的研究背景和研究意义，然后通过对国内外相关文献的综述，梳理该领域的相关研究进展，并提出本书的研究思路、研究框架、研究方法以及创新点和不足。第二章是内生性与外生性货币供给理论。阐述了内生性货币供给和外生性货币供给的概念，并介绍了具有代表性的内生性货币供给模型和外生性货币供给模型。第三章是外汇储备影响货币供给的理论基础。通过外汇储备的来源和作用理解外汇资产对一国经济的重要性。通过分析外汇储备对基础货币和信贷规模的影响路径理解外汇储备对货币供给的内生性影响机制。第四章是我国外汇储备增长、冲销措施与货币供给状况。通过对外汇储备存量与增量及其结构的描述了解其变化。通过对央行票据的发行和法定存款准备金率的调整了解央行进行货币冲销的方法。通过对基础货币、信贷规模和货币供应量变化的描述观察中国货币供给的变动特征。第五章是外汇储备对货币供给内生性影响的实证分析。分别检验了外汇储备对基础货币的内生性影响，和外汇储备对信贷供给和信贷需求的内生性影响。并对比分析了1998年亚洲金融危机和2008年美国次贷危机时期，中国持有外汇储备规模的不同对宽松型货币政策传导效果的内生性影响。第六章是结论与政策建议。

二、本书的研究方法

本书的研究方法主要包括定性描述、定量分析、理论推导和实证检验。首先，本书对内生性和外生性货币供给理论的发展过程进行回顾,通过对数理模型的推导分析货币供给的主要决定因素,并理解外汇储备对货币供给内生性的影响机制。其次,通过对历史数据的绘图与定性描述了解外汇资产流入和中国货币供给的变化情况。最后,通过建立计量经济模型,对理论分析进行实证检验,根据实证检验结果定量分析外汇储备对我国基础货币、信贷规模和货币总供给的内生性影响。

第四节 本书的创新与不足

一、本书的创新之处

关于中国货币供给的内生性,已有文献从多个视角进行了解释,其中外汇储备对货币供给内生性的影响成为被关注的热点之一。但从分析的角度来看,多数文献只研究了外汇储备对基础货币内生性的影响,而关于外汇储备对信贷规模内生性影响的研究较少。事实上,自2008年金融危机之后,外汇储备增量下降,通过外汇占款投放的基础货币量甚至达不到中央银行的政策目标,央行不仅慢慢减少甚至停止了央行票据的发行,而且还通过再贷款等途径在外汇占款基础上投放更多的基础货币。那么,2009年之后的货币供应总量扩张和较高的通货膨胀水平是否就是由央行增加投放基础货币引起的呢?我们回顾一下1998年亚洲金融危机爆发后,中国货币当局也是实施了宽松货币政策,增加基础货币投放,但是货币供应量不但没有增长,反而出现通货紧缩。个人和企业信贷需求下降,商业银行普遍惜贷,宽松货币政策的传导受阻,经济陷入"流动性陷阱"。同样,在2007年次贷危机爆发后,美联储重启了量化宽松的货币政策,向货币市场注入大量流动性。但货币的传导机制并非如预期中的顺畅,伴随着基础货币增长率飞速攀升，货币乘数反而不断缩小，这凸显了商业银行等金融机构发放信贷的动力不足。

为什么中国在1998年亚洲金融危机后实施的宽松货币政策传导受阻，美国在2007年次贷危机爆发后实施的量化宽松货币政策效果也不尽如人意。但中国在2008年下半年实施的短暂宽松性刺激政策却威力无穷，导致2009年开始货币供应量喷发式增长，经济很快进入过热状态。这也许是中央银行没有预料到的，如果预料到这样的后果，中央银行就会相应减小刺激政策的力度了。究其原因，有部分学者从货币供给内生性角度对此进行了解释，其中主流观点认为，市场主体的"投资饥渴"是导致2008年之后信贷需求增长的主要原因，又由于商业银行和其他金融机构发放信贷的意愿较强，最终带来信贷规模的高速增长。因此，投资是推动货币供给内生性增长和通货膨胀的共同原因，持有这种观点的代表性文献如黄永涛（2011），陈达飞（2012），于泽、罗瑜（2013）和吴立雪（2014）等。

本书的创新之处在于：第一，已有文献较多关注了外汇储备对基础货币供给的内生性影响。本书不仅研究了外汇储备对基础货币投放的内生性效应，而且研究了外汇储备通过提高商业银行流动性和推动固定资产投资增长，从信贷供给和信贷需求两个方面给信贷规模带来内生性影响。第二，在分析外汇储备对固定资产投资的影响时，本书将外汇储备分为贸易顺差、外商直接投资和短期国际资本流动三大部分，分别分析了出口贸易的乘数效应、外商直接投资对国内投资的挤入挤出效应、国际"热钱"流入对股价和房价的影响、股价和房价通过托宾Q对固定资产投资和房地产开发投资的影响。这改变了已有文献中只关注外汇储备总规模或是投资总规模的研究习惯。第三，本书对比分析了1998年亚洲金融危机和2008年金融危机时期，我国持有外汇储备规模的不同对公众预期和宽松型货币政策传导效果影响的不同，弥补了这一方面的研究空缺。

二、本书的不足之处

本书的不足之处主要有两点：第一个不足之处是文章仅定性描述了外汇储备增长对商业银行流动性和信贷供给意愿的影响机制，并没有建立相应的理论模型。第二个不足之处是在实证分析方面，仅针对中国的数据进行研究，并没有对其他国家的数据进行实证研究，数据样本量较小，研究范围相对狭窄。这两点不足之处将成为本书后续研究的重要方向。

第二章

内生性与外生性货币供给理论

第一节 货币供给内生性与外生性的含义

一、货币供给及其相关概念

货币供应量（supply of money）是指一个社会的货币总量，根据流动性的差异和统计口径的不同，一般可分为三个层次：M0、M1 和 M2。根据我国目前的统计口径，M0 是指流通中的现金，流动性最强。M1 = M0 + 活期存款，由于活期存款可以随时被取现，也具有类似于现金的流动性，因此 M1 的流动性也较强。M2 = M1 + 定期存款 + 储蓄存款 + 其他存款，M2 包括了一部分流动性较差的存款货币，流动性与 M0 和 M1 相比较弱，但是 M2 包含的范围最广泛，是反映社会货币供应总量的直接指标，被称为广义货币供应量。

基础货币（base money），又称为高能货币（high-powered money），由流通中的现金和金融机构存款准备金构成，是社会货币供应量形成的基础。基础货币受中央银行直接控制，属于中央银行的负债。

货币乘数（money multiplier）是货币供应量和基础货币之间的倍数关系。根据货币供应量的不同层次可以分为狭义货币乘数 M1/B 和广义货币乘数 M2/B，其中 B 表示基础货币。货币乘数是除了基础货币之外，中央银行用于控制货币供应量的另一重要工具。货币乘数主要受三大因素影响，一是流通中的现金与存款比率，又称为通货比率或现金漏损率，这一比率越高，货币乘数越小。二是法定存款准备金率，这一比率越高，存款中用于上交中央银行的准备金越多，可用于贷款的部分越少，商业银行通过贷款派生货币的能力越小，货币乘数和货币供应量越小。三是超额存款准备金率，这一比率越高，表明商业银行自愿存到中央银行的准备金越多，可用于贷款的资金越少，货币派生能力越小，货币乘数和货币供应量也越小。这三大因素中，通货比率主要受大众选择的影响，超额存款准备金率主要由商业银行自主决定，只有法定存款准备金率受中央银行控制。因此，法定存款准备金率成为中央银行控制贷款规模和货币乘数，从而控制货币供应量的重要操作工具。

二、货币供给内生性与外生性的界定

关于货币供给内生性与外生性的概念，不同学者给出了不同界定。本书认为货币供给内生性（endogenous money supply）是指货币供给是由经济活动所内在决定的内生变量，由微观经济主体的经济行为等因素决定。货币供给内生性可能带来货币供应量的内生性紧缩，也可能带来货币供应量的内生性扩张。货币供给内生性对货币政策效果的影响可能是阻碍货币政策传导，导致货币供给结果与货币政策目标相背离，也可能是扩大货币政策效果，导致货币供给结果与货币政策目标方向一致，但力度过大，迫使货币当局改变货币政策方向。货币供给外生性（exogenous money supply）是指货币供给是经济运行过程的一个外生变量，由中央银行完全独立自主地决定，不受实际经济因素的制约。中央银行通过实施货币政策可以顺利实现其货币供给目标，不受其他经济因素干扰。

第二节 货币供给的内生性与外生性争论

货币理论界一直存在着货币供给外生性和内生性的争论。20世纪30年代以来,凯恩斯学派和货币学派都坚持货币外生性的观点。但同时也存在一批支持货币供给内生性的经济学家,如早期古典经济学家詹姆斯·斯图亚特、托马斯·图克、克努特·维克赛尔,以及20世纪以来的托宾、莫尔、温特劳布、卡尔多等。

一、具有代表性的外生货币供给模型

(一) 弗里德曼—施瓦茨的货币供给模型

1963年,弗里德曼(Milton Friedman)和施瓦茨(Anna J. Schwartz)提出了著名的弗里德曼—施瓦茨货币供给模型。他们分别以M代表货币供给量、C代表社会公众持有的通货、D代表商业银行存款、B代表基础货币、R代表商业银行存款准备金,推导出以下等式:

$$M = C + D \tag{2.1}$$

$$B = C + R \tag{2.2}$$

$$\frac{M}{B} = \frac{C+D}{C+R} = \frac{\frac{D}{R}\left(1+\frac{D}{C}\right)}{\frac{D}{R}+\frac{D}{C}} \tag{2.3}$$

$$M = B \times \frac{\frac{D}{R}\left(1+\frac{D}{C}\right)}{\frac{D}{R}+\frac{D}{C}} \tag{2.4}$$

从式（2.4）中可以看出，货币供给量由基础货币 B 和货币乘数 $\dfrac{\dfrac{D}{R}\left(1+\dfrac{D}{C}\right)}{\dfrac{D}{R}+\dfrac{D}{C}}$ 两大因素决定。其中基础货币由现金通货 C 和存款准备金 R 决定，货币乘数由 $\dfrac{D}{R}$ 和 $\dfrac{D}{C}$ 决定。

弗里德曼和施瓦茨认为基础货币 B 由货币当局决定，因为货币当局通常可以调整现金发行量和商业银行存款准备金需求。而存款准备金比率 $\dfrac{D}{R}$ 决定于银行体系，因为商业银行体系可以通过变化超额准备金水平改变银行存款与准备金之间的比率。但货币当局也可以通过改变法定存款准备金率对 $\dfrac{D}{R}$ 产生影响。存款通货比率 $\dfrac{D}{C}$ 与公众行为和商业银行支付的存款利率有关，存款与利率正相关，持有的通货与利率水平负相关。

弗里德曼和施瓦茨给出的货币供应量的变化路径强调了货币供给的"外生性"和"可控性"。但事实上，除了基础货币之外，还存在影响货币乘数的其他因素。另外，在弗里德曼和施瓦茨的模型里，$\dfrac{D}{R}$ 和 $\dfrac{D}{C}$ 同时出现在货币乘数的分子分母中，导致它们的变化对货币乘数的影响不容易分析。

（二）卡甘的货币供给理论

与弗里德曼和施瓦茨同时期的经济学家卡甘（Phillip Cagan）也从外生性的角度分析了广义货币供应量的形成。但卡甘对货币乘数的两个决定因素作了不同安排，从而将他的货币供给决定模型表述为：

$$\frac{B}{M}=\frac{C}{M}+\frac{R}{D}-\frac{C}{M}\times\frac{R}{D} \qquad (2.5)$$

$$M=\frac{B}{\dfrac{C}{M}+\dfrac{R}{D}-\dfrac{C}{M}\times\dfrac{R}{D}} \qquad (2.6)$$

式（2.6）表明，货币存量由基础货币 B 和货币乘数 $\dfrac{1}{\dfrac{C}{M}+\dfrac{R}{D}-\dfrac{C}{M}\times\dfrac{R}{D}}$ 两个因素决定，货币乘数由通货比率 $\dfrac{C}{M}$ 和准备金存款比率 $\dfrac{R}{D}$ 决定。货币供给量的变化与基础货币 B 的变化成正比，而与通货比率 $\dfrac{C}{M}$ 和准备金存款比率 $\dfrac{R}{D}$ 的变化呈反比。

另外，为了分析基础货币、通货比率和准备金比率变化对货币存量变化率的作用，卡甘根据式（2.6）推导出如下检验公式：

$$\frac{\text{dlg}M}{dt}=\frac{\text{dlg}B}{dt}+\frac{M}{B}\left(1-\frac{R}{D}\right)\frac{d\left(-\dfrac{C}{M}\right)}{dt}+\frac{M}{B}\left(1-\frac{C}{M}\right)\frac{d\left(-\dfrac{R}{D}\right)}{dt} \quad (2.7)$$

卡甘的货币供给模型弥补了弗里德曼和施瓦茨货币供给模型的两大缺陷。首先，卡甘发现通货比率和准备金存款比率除了受到基础货币的影响外，还受到其他因素的影响，从而将对货币供给量决定因素的分析引入更加深入的层次。其次，决定货币乘数的通货比率 $\dfrac{C}{M}$ 和准备金存款比率 $\dfrac{R}{D}$ 这两个变量只出现在乘数的分母中，使分析变得更为方便和清楚。

二、具有代表性的内生货币供给模型

（一）托宾的货币供给理论

詹姆斯托宾（James Tobin）对弗里德曼的货币供给外生理论提出了反对。托宾认为随着经济发展和金融创新，非银行金融机构已经创造出被公众乐于接受的存款或金融工具，即这些非银行金融机构也和商业银行一样具备了货币创造的能力。商业银行与非银行金融机构、货币和其他金融资产之间的传统区别已经慢慢淡化。在金融产品多样化的环境下，公众的货币需求取决于他们的资产选择偏好。公众的资产偏好和资产选择结构，一方面，影响着商业银行的资产负债和信贷规模；另一方面，也影响着非银行金融机构的存款派生能力。而公众的资产偏好和资产选择结构又在相当大程度上取决于当时的市场环境和社会经济活动。

另外，托宾对弗里德曼的货币供给方程也提出了异议。他认为，不应该将"存款通货比率"和"存款准备金比率"当作货币供给方程中的固定参数，它们是会随经济环境的变化而变动的。关于"存款准备金比率"的变动机制，托宾认为，从长期来看，"存款通货比率"反映了公众持有存款和通货的习惯、偏好及制度因素的影响。在短期内，通货需求通常与货币收入保持同方向变动。从实际经济运行来看，"存款通货比率"并不是始终稳定不变的，而是会随着经济运行出现周期性波动，与实际经济周期联系紧密。而且，公众在存款与其他金融资产之间的选择会受到利率结构的影响，带来不稳定的"存款通货比率"。关于"存款准备金比率"的变动机制，托宾认为在经济衰退时期，银行对短期国库券等安全性较好的短期资产的需求上升，从而推动短期债券价格上涨，短期债券利率下降。此时，中央银行通过公开市场操作回购短期国库券难以起到降低利率和刺激投资的效果。而商业银行对超额准备金的需求与基础货币量呈反方向变化，这导致中央银行通过调节基础货币调控货币供应量的政策失效。托宾认为，银行体系的货币创造在一定程度上会受到中央银行对基础货币调节的影响，但是中央银行的货币政策调节效果将会被货币供给内生性影响因素削弱。

（二）温特劳布的货币供给理论

温特劳布（Siney S. Weintraub）在工资定理的基础上提出了内生性货币供给模型。温特劳布的工资定理假设商品价格由劳动成本及劳动成本之上的某种加成决定。劳动成本由货币工资和平均劳动生产率决定，货币工资由工会与厂商谈判外生决定。假定货币的流通速度稳定不变，名义工资率超过平均劳动生产率的提高将通过在单位劳动成本的稳定加成而导致物价水平的上升。进一步，由于名义收入取决于物价水平和实际产出（Y = PQ），对于既定的实际产出（Q），名义收入会随着物价水平成比例增加，并提高交易性货币需求。此时，只有相应增加货币供给才能维持实际产出和就业水平不变。中央银行可以选择拒绝增加货币供给或者是部分增加货币供给，但这会带来利率上升和投资下降，导致实际产出和就业水平偏离充分就业状态，温特劳布认为这是政府不愿接受的。因此，为了避免失业增加，中央银行会选择增加货币供给以适应名义工资增长率超过平均劳动生产率而增加的货币需求。这种货币供给的增加是经济运行的客观要求，中央银行只能被动适应。

温特劳布认为在货币工资由谈判外生决定的条件下，为了保证实际产出和充分就业，中央银行只能适应性地提供充足的货币供给，从而失去对货币供应量和物价水平的控制能力。但现实经济中，政府为了控制通货膨胀水平，尤其是较为严重的通货膨胀，将会接受一定的产出下降和失业率水平。

（三）卡尔多的货币供给理论

卡尔多（Kaldor）的内生性货币供给模型认为中央银行不能接受银行体系崩溃的灾难性后果，扮演着最后贷款人角色，其基本职责是保证金融部门的偿付能力。卡尔多假定，政府已经确定了永久性的收入政策有效地保障公众的收入水平，物价是个常数。当需求压力、国内投资、出口、财政政策等因素的变动引起实际产出增加时，在既定的物价水平下，货币需求增加。作为最后贷款人，中央银行需要满足市场的货币需求，增加货币供给。因此，货币供给是内生的，与公众的货币需求密切相关。卡尔多还认为货币存量的增加无法完全满足货币需求的增加时，货币流通速度将会提高，以弥补货币供求的差额。

卡尔多的货币供给模型具有一定的局限性。因为中央银行并不一定将充分满足货币需求作为政策目标。另外，虽然卡尔多认识到货币流通速度是可变的，但其认为货币流通速度的变化和货币存量的变化可以相互替代是不现实的，货币存量和货币的流通速度之间并不是完全可替代的。

(四) 莫尔的货币供给理论

20世纪80年代，莫尔（Moore B. J.）更深入地探讨了金融运行机制变化对货币供给的影响。首先，莫尔认为基础货币供给具有内生性，因为中央银行通过公开市场操作调节基础货币的能力有限。其次，信贷规模也具有内生性，公众的贷款需求决定了商业银行的贷款规模，中央银行又无法拒绝商业银行的贷款要求，货币供给因而由公众的贷款需求决定，具有内生性特征，并由此认为货币供给曲线是一条水平线。另外，商业银行的主动负债管理使其对中央银行资金的依赖性下降，导致货币供给具有更强的内生性。

莫尔的货币供给理论过分强调了商业银行只能被动地适应市场的贷款需求。另外，中央银行除了通过公开市场操作调节基础货币外，还可以通过法定准备金率和再贴现进行调节，公开市场业务并非央行投放基础货币的最主要手段。

第三章

外汇储备影响货币供给的理论基础

第一节 外汇储备的概念、功能与适度规模

一、国际储备与外汇储备的概念

国际储备（international reserve），又称为储备资产（reserve assets）或国外资产（foreign assets），是指被该国政府接受和该国政府所持有的，且它可以作为该国与他国彼此之间的支付。它是各国政府完全接受的类似货币的资产。

外汇储备（foreign exchange reserve），有时简称为外汇（foreign exchange），是指由一国官方持有的其他国家发行的货币，即外币资产，这些外币是在国际上被广泛接受的国际货币，是国际储备的一部分。

在第五版《国际收支手册》中，外汇储备是国际储备的一部分，两者在概念和内涵上有严格区别。但是在国际货币基金组织《国际收支和国际投资头寸手册》中（《国际收支手册》（第六版）），国际储备和外汇储备的差别趋于模糊。原因主要有两个方面：首先，外汇储备在各国

的国际储备中的占比都很大，份额一般均达到80%以上。其次，《国际收支和国际投资头寸手册》中对国际储备各科目的阐释中认为，黄金在国际金融市场上是以美元计价和结算的；特别提款权的价值最终是以美元来表示的；在国际货币基金组织的储备头寸是指成员国可用的储备份额，其价值也是以外国货币形式来表示的；其他储备资产的科目均是以外币表示。因此，国际储备中的各科目或者各类资产实质均属于外汇资产。所以不再对国际储备与外汇储备做严格的区分。

我国外汇占国际储备的90%以上，理论上区分外汇储备和国际储备没有太大意义。本书所指的外汇储备是指狭义的外汇储备，即外汇资产或外汇占款，不包括货币黄金、特别提款权、在国际货币基金组织的储备头寸，以及其他债权。

二、外汇储备的功能

早期经济体注重外汇储备的交易和对外支付功能，而现代经济主体更注重外汇储备的稳定汇率市场、提高本国国际信用、提供紧急流动性、稳定宏观经济等功能。

（一）调节国际收支，清偿国际债务

一国在国际经济交往过程中常常出现国际收支的失衡，在某些时期可能出现国际收支盈余，另一些时期又出现国际收支赤字，因此"国际收支平衡"成为许多国家央行追求的货币政策目标之一。当国际收支逆差发生时，动用外汇储备不仅可以保证进口支付能力，还可以维持汇率目标和国内经济发展的连续性和稳定性。因此，外汇储备是一个国家调节国际收支不平衡的缓冲器。外汇储备还可以用于偿还国际债务。一国外汇储备充足则代表国家偿债能力强，使得本国能够在国际金融市场上以较低成本顺利实现融资。当债务到期时，充足的外汇储备能够保证债务的偿还，国家信用得以提高。如果无法及时偿还国际债务，可能会发生债务危机，影响市场信心和国内经济的稳定。发展中国家一般不属于

国际货币发行国，在对外经济交易中只能使用外汇结算，持有外汇储备对发展中国家的国际收支调节和国际债务清偿显得尤为重要。

（二）干预外汇市场，维持汇率目标

1974年布雷顿森林体系瓦解后，多数国家开始采用浮动汇率制度。但各国央行并不希望本币汇率出现频繁和大幅度波动，因而常常干预外汇市场，以保证汇率在合理范围内波动。当一国货币受到国际资本投机性流动的冲击，本币可能面临贬值压力，如果持有充足的外汇储备，政府可以在外汇市场中抛售外汇储备回收本币，避免本币贬值。否则，本币大幅贬值可能导致大量企业破产、失业率上升和经济衰退。

1998年亚洲金融危机以后，多数发展中国家选择了更为灵活的汇率制度安排，即有管理的浮动汇率制度或者是盯住汇率制度。由于汇率的剧烈波动不利于一国经济的稳定发展，政府通过动用外汇储备干预外汇市场，能够达到稳定本国汇率的目的。在有管理的浮动汇率制度下，政府通常设定汇率浮动区间。当本币贬值或升值超过政府预期目标区间时，货币当局在外汇市场中抛售或购买外汇，以实现汇率的稳定。

布雷顿森林体系瓦解后，美元、欧元、日元等成为国际市场中的"计价货币"，其他国家的货币被边缘化了。由于发展中国家的经常项目交易和资本项目交易无法用本币计值，而只能使用关键货币计值，多种货币并存的局面出现，并带来货币错配问题。即当汇率波动时，货币当局的权益净值或净收入会由于计价货币的升贬值而发生损益变动，这种损益变动对汇率波动的敏感度越高，货币错配的问题越严重。管理货币错配风险也需要有充足的外汇储备作为后盾。20世纪90年代之后，外汇储备增加的趋势特别明显，新兴市场经济国家外汇储备增长尤为显著。

（三）防范金融危机，稳定经济运行

预防性持有外汇储备理论的主要观点认为，金融危机爆发之前，发展中国家可能会出现大量国际资本外逃和国际融资的困难。所以发展中国家需要通过自身持有大量外汇储备以抵御资本外逃对消费和产

出的冲击[①]。如果一国外汇储备充裕，则能够有效阻止国际"热钱"有预谋地对本国金融市场的冲击，有利于维护国内金融市场稳定和增强公众对本国经济前景的信心，避免出现市场恐慌和进一步的资本外逃，阻止金融危机的爆发和经济衰退的出现。20 世纪 90 年代之后，新兴市场和发展中国家持有的外汇储备在全球官方外汇储备中占据 2/3 的较高比例。

三、外汇储备的适度规模

（一）比例分析法

20 世纪六七十年代，外汇储备最主要用途是进行国际支付。在此背景下，特里芬（Triffin，1960）提出外汇储备规模对于年进口额的比率是衡量一国外汇储备持有量适度性的一种合理指标。但这一比例应该因不同的国家、不同的时间和不同的发展阶段而不同。特里芬对 1950~1957 年间 12 个主要国家的外汇储备变动情况进行实证研究结果表明，一国的外汇储备对进口的比率最低不能小于 20%，一般以 40% 为适度，全年储备额应以满足 3 个月的进口额为宜。特里芬给出的这一判断比率得到学术界和各国政府的认可并被普遍采用。特里芬开创了用简单的比例方法衡量外汇储备适度性的研究。但是随着国际金融的发展和国际资本流动的增长，外汇储备的用途也越来越广泛，各国用于资本和金融项目的外汇储备越来越多，估算外汇储备的适度规模时不能再仅仅考虑进口的影响。格林斯潘（Greenspan，1999）提出使用外汇储备对外债总额的比率作为判断一国储备适度性的标准。另外，提倡使用外汇储备对国民生产总值比率衡量外汇储备适度性的学者认为，在开放经济条件下，一国持有的外汇储备需要与该国的经济规模、发展速度、对国际市场的依赖程度呈正相关关系。用比例分析法判断一国外汇储备的规模是

[①] 这一观点较早地由 Ben-Bassat 和 Gottlieb（1992）提出。他们视国际储备为产出的稳定器，因为国际储备能降低由于资本外逃和融资骤停带来的产出下降带来的风险。

否适度是简单易行的方法，但是指标单一，无法全面反映外汇储备规模的适度性问题。

（二）需求函数法

20世纪60年代末期开始，在计量经济学获得长足发展的背景下，许多学者开始使用计量模型考察外汇储备需求的影响因素。弗兰德斯（Flanders，1971）建立的模型分析了十大因素对外汇储备需求的影响，但其中一些变量因为难以量化和无法获得统计数据而被舍弃，最后建立的储备需求函数解释变量为六个，分别为：出口波动性、本币贬值率、外汇储备的变动率、以生活水平指数消去通胀的GNP的百分比、一定时期内官方外汇储备与其清偿力的年平均比率、本国人均GNP占美国人均GNP的百分比。弗兰德斯使用现实数据进行估计的结果表明，该模型对一国外汇储备需求做出的描述准确度不够高。弗伦克尔（Frenkel，1974）建立的外汇储备需求模型解释变量有三个：国际收支的变动率、进口水平、对外贸易部门占GDP的相对规模。弗伦克尔的估计分析发现，发展中国家的储备需求对国际收支变动的反映小于发达国家，而对国际交易额变动的弹性则大于发达国家，并认为有必要对发达和发展中国家的外汇储备需求进行分别研究。伊耶哈（Iyoha M. A.，1976）认为，发展中国家的外汇储备需求分别与持有外汇资产的利率、一国经济的开放度、进口支出的变动率、出口收入呈正相关关系。埃尤哈还在其需求函数模型中加入外汇储备持有额前一期和前两期的滞后变量，并使用实际数据对其建立的外汇储备函数函数进行检验，结果比较令人满意。可见，加入滞后调整变量的需求函数对发展中国家储备需求的刻画更为合理。外汇储备需求的函数分析法更能全面反映外汇储备需求的多种影响因素，相比于简单的比例分析法更具现实意义。但需求函数的建立主要依赖于经验数据，是一种实证分析，其理论依据不足。

（三）成本收益法

一国持有外汇储备既能产生收益，也会带来成本，海勒（H. R. Heller）和阿格沃尔（J. P. Agarwal）使用成本收益模型探讨一国对外汇储备的适度需求规模，认为当持有外汇储备的成本与收益相等时，该国持有的外汇储备规模就是适度的。海勒（1966）指出持有外汇储备的收益主要产生于因持有外汇储备而减少的面临国际收支逆差时的调节成本，持有外汇储备的成本主要产生于持有外汇储备的机会成本。模型通过边际成本等于边际收益得到最优储备需求量。阿格沃尔（1971）在海勒模型的基础上，提出用产出来衡量持有外汇储备的收益和成本。边际收益为一国因持有外汇储备而避免的调节成本所形成的国内总产出，边际成本为一国用储备的外汇进口国内必需的生产资料生产出来的国内生产品。另外，阿格沃尔考虑到了发达国家与发展中国家的差别，相对于海勒模型而言更具有实用性。

第二节 外汇储备影响货币供给内生性的理论机制

一、外汇储备对基础货币供给的内生性影响机制

外汇储备对一国基础货币供给的影响与该国实行的汇率制度、结售汇制度、货币冲销制度等因素相关。1994~2008年，我国长期实行强制结售汇制度，即外贸盈余企业将外汇资产卖给商业银行，商业银行将外汇资产卖给中央银行。另外，我国长期以来实行有管理的浮动汇率制度。在这样的制度背景下，外汇资产对我国基础货币的影响机制为：外汇供给增加→中央银行进入外汇市场购入外汇→基础货币投放增加，这一影响途径被称为"汇率安排机制"。"汇率安排机制"揭示了外汇资产与基础货币同方向变化的规律，即 $B'(FA) > 0$，其中 B 表示基础货币，FA 表示外汇资产。外汇资产增加对基础货币的影响过程如图3–1所示。

图 3-1 外汇资产影响基础货币供给的过程

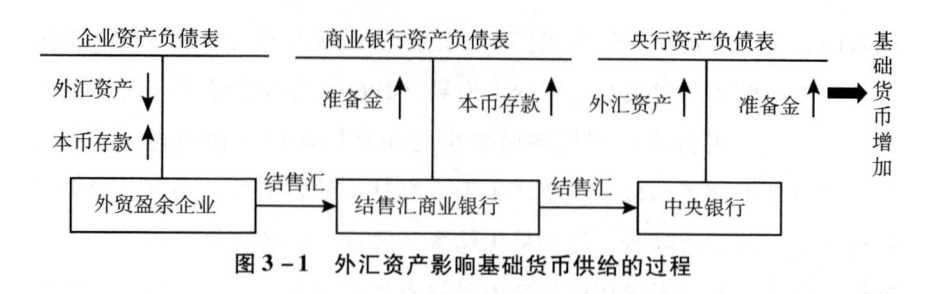

图 3-1 描述了外汇资产流入对基础货币影响的内在机制，可以看出外汇资产的增长导致了基础货币的增加。但是中央银行可以通过发行票据对冲外汇资产增加导致的基础货币投放，即 $B'(s) < 0$，其中 s 代表中央银行票据的发行量。中央银行通过发行央行票据对冲基础货币投放的过程如图 3-2 所示。

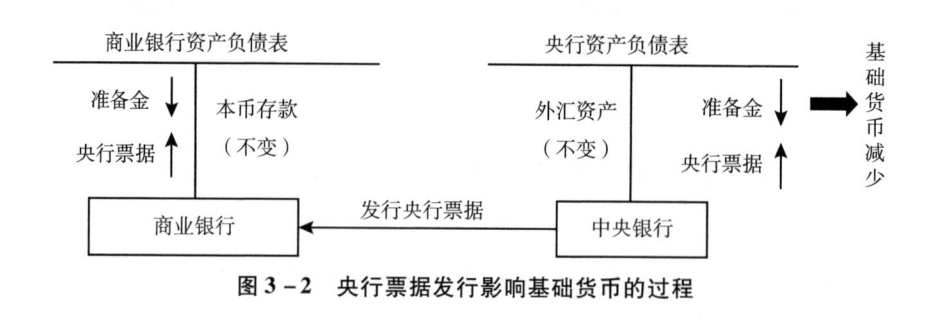

图 3-2 央行票据发行影响基础货币的过程

图 3-1 刻画了外汇资产增长对基础货币供给的扩张效应，图 3-2 描述了央行票据发行对基础货币供给的冲销效应，外汇资产增加对基础货币投放的正效应和央行货币冲销措施对基础货币投放的负效应力量的对比，决定了基础货币是否随着外汇资产的增长而增长。

二、外汇储备对信贷规模的内生性影响机制

（一）外汇储备对商业银行流动性和信贷供给的影响

在外汇资产不断增长的环境下，为了控制货币供应量过快增长带来

高通胀的压力，我国中央银行通过发行央行票据对冲基础货币投放，通过提高法定存款准备金率控制商业银行信贷扩张能力，这两大方面的冲销措施可以通过减小基础货币供给和降低商业银行信贷规模来控制货币供应量。具体的传导过程如图 3-3 所示。

图 3-3　货币冲销措施抑制商业银行信贷扩张的传导流程

但"商业银行流动性机制"认为，中央银行的两大货币冲销工具，即发行央行票据和提高法定存款准备金率在控制商业银行信贷能力的同时，提高了商业银行的流动性。央行票据的发行导致商业银行持有的票据资产或债券资产增加，法定存款准备金率的上调导致商业银行准备金存款增加。当法定存款准备金率超出商业银行应对意外的支付需求后，法定存款准备金率的继续提高即起到冻结市场过剩流动性的功能，但是提高了商业银行流动性。中央银行货币冲销措施对商业银行流动性的影响过程如图 3-4 所示。

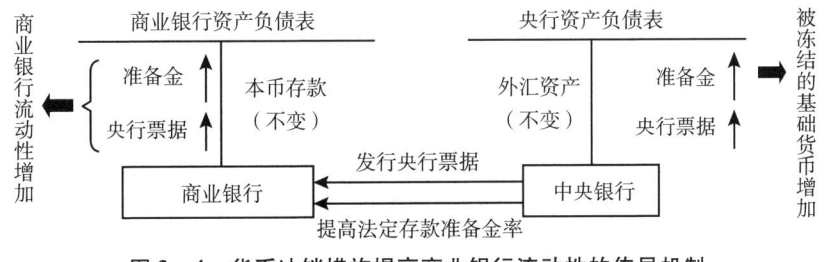

图 3-4　货币冲销措施提高商业银行流动性的传导机制

（准备金存款＋债券）／总资产是衡量商业银行流动性的重要指标之

一，如图3-4所示，央行票据余额和法定存款准备金率的两方面上升，导致了商业银行流动性水平的提高。商业银行在流动性充足的情况下希望将更多的资金运用出去，产生收益，其信贷供给的能力和意愿较强。在信贷需求强烈的市场环境下，商业银行信贷交易增加。因此，发行央行票据和提高存款准备金率在另一方面提高了商业银行的信贷供给能力和信贷规模，具体的传导流程如图3-5所示。

图3-5　货币冲销措施提高信贷供给能力的传导流程

（二）外汇储备对国内投资和信贷需求的影响机制

本书认为外汇储备对信贷需求的影响主要是通过对固定资产投资的影响导致的，如果外汇储备的增加带来国内投资的增长，那么在我国以间接融资为主的金融体系下，银行信贷需求也会随之上升。

外汇储备主要来源于三大部分，分别是国际贸易顺差、外商直接投资和短期国际资本流入。本书分别考察这三大因素对国内投资的影响。

1. 贸易顺差对国内投资的影响

哈罗德（Harrod）在《国际经济学》一书中分析了开放经济下国民所得的构成及其决定和均衡，并提出了对外贸易乘数理论。认为在非充分就业条件下，一国出口的增加能够带来国民收入或就业若干倍的增加。开放经济下国民收入的均衡方程式为：

$$Y = C + I + X = C + S + M \tag{3.1}$$

$$\Delta Y = \Delta C + \Delta I + \Delta X = \Delta C + \Delta S + \Delta M \tag{3.2}$$

由此可以推导出：

$$\Delta I + \Delta X = \Delta S + \Delta M = s\Delta Y + m\Delta Y = (s + m)\Delta Y \quad (3.3)$$

$$\Delta Y = \frac{1}{s+m}(\Delta I + \Delta X) = \frac{1}{s+m}\Delta I + \frac{1}{s+m}\Delta X \quad (3.4)$$

其中，s 和 m 分别为边际储蓄倾向和边际进口倾向，$\frac{1}{s+m}$ 就是哈罗德对外贸易乘数。

上述对外贸易乘数也可以通过经济活动的过程分解得到。假如一国出口增加了 ΔX，则国民收入也增加了 $\Delta Y_1 = \Delta X$，其中一部分用于储蓄，另一部分用于进口，剩下的部分 $\{1-(s+m)\}\Delta Y_1$ 用于国内的消费支出，则国民收入再增加 $\Delta Y_2 = \{1-(s+m)\}\Delta X$。这一过程不断反复继续，出口增加额 ΔX 带来的国民收入增加总额 ΔY 为：

$$\Delta Y = \Delta Y_1 + \Delta Y_2 + \Delta Y_3 + \cdots$$
$$= \Delta X + \{1-(s+m)\}\Delta X + \{1-(s+m)\}^2 \Delta X + \cdots \quad (3.5)$$

由于 $0 < \{1-(s+m)\} < 1$，公式为 $\{1-(s+m)\}$ 的无限等比级数收敛，计算结果为：

$$\Delta Y = \frac{1}{s+m}\Delta X$$

在上述对外贸易乘数中考虑从国民收入 ΔY 中扣除生产中使用的包括原料燃料和中间产品的进口品 M'，从而得到公式：

$$\Delta Y = \frac{1}{s+m}(\Delta I + \Delta X - M') \quad (3.6)$$

由上式可知，出口增加带来的国民收入增长中，用于国内消费的比例与国际贸易乘数呈正相关关系，用于进口的比例与国际贸易乘数呈负相关关系。如果出口所增加的国民收入全部用于进口，国内有效需求不变，则国民收入也不增加。因此，进出口差额是影响国际贸易乘数的重要因素，贸易顺差越大，出口对国民收入增长的拉动作用越强。贸易顺差一方面带来国内消费支出的增长，另一方面带来储蓄增长。国内消费支出增加带来新的市场需求，需求上升带动投资增长，储蓄增长为投资增长提供可能的资金，因此贸易顺差不仅带来国民收入的增长，还会带动国内投资的增长。

另外,按照传统的凯恩斯主义思想,作为一种拉动需求增长的因素,出口的增长必然能够带动投资和产出的增加。卡尔多(Kaldor)、瑟尔瓦尔(Thirlwall)和麦康比(McCombie)等人提出了一个分析出口与经济增长关系的理论体系。该理论体系认为出口是总需求中一个自主的组成部分,在出口导致的需求拉动之下,要素投入的增加是必然的。

瑟尔瓦尔(1979)在引入国际收支平衡约束后得到的结论为:

$$y_{Bt} = \frac{(1+\eta+\varphi)(p_{dt}-p_{ft}-e_t)+x_t}{\pi} \quad (3.7)$$

其中,y_{Bt}代表国际收支平衡约束下的均衡经济增长率、x_t表示出口增长率;p_{dt}表示国内价格,p_{ft}表示国外价格。出口增长($x_t>0$)将拉动经济增长($x_t/\pi>0$)。

麦康比(1985)在没有引入国际收支平衡约束的情况下,从传统的凯恩斯模型出发得到:

$$\dot{Y} = (1/K)(\beta_C \dot{C} + \beta_I \dot{I} + \beta_G \dot{G} + \beta_X \dot{X} - \beta_M \dot{M}) \quad (3.8)$$

按照式(3.8),出口增加($\dot{X}>0$)将导致GDP增加($\beta_X \dot{X}/K>0$)。

从上述哈罗德国际贸易乘数理论、瑟尔瓦尔和麦康比的出口拉动经济增长的理论分析中可以总结出,出口增长能够带来国民收入若干倍的增长,但进口增长对此具有抵消作用,出口减去进口的贸易顺差才是拉动国民收入增长的有效因素。

按照国民收入恒等式,贸易顺差主要用于国内消费和储蓄,具体的分配比例取决于边际消费倾向和边际储蓄倾向。如果边际消费倾向较高,则贸易顺差的增长将导致国内消费需求的较快增长,国内消费需求上升将拉动国内投资增长。如果边际储蓄倾向较高,则贸易顺差的增长将导致国内储蓄规模的较快增长,为投资增长提供充足的资金支持。一般而言,贸易顺差的增长将导致国内消费和国内储蓄的同时增长,这将从市场需求和资金供给两大方面促进国内投资的增长。当国内融资以商业银行贷款的间接融资为主时,国内投资的增长将带来信贷需求的上升。

2. 外商直接投资对东道国国内投资的挤入挤出效应

外商直接投资在发展中国家属于稀缺资源,这种稀缺性在于其包含的无形资产,如先进的生产技术、管理理念、产品在国际上的销售渠道、产品设计与质量、品牌效应等。外商直接投资的引入可能会通过示范和外溢效应促进国内技术和管理等多方面的进步,也有可能带动上游或下游的国内投资,但也有可能凭借其优势在市场竞争中取代国内生产商而获得投资机会,从而挤出国内投资。

关于外商直接投资的挤入(挤出)效应,阿戈辛和迈耶(Agosin and Mayer,2000)在新古典理论的框架下构建了发展中国家的国内投资方程,并引入外商直接投资作为外生变量,推导出了总投资与外商直接投资之间的理论关系。首先,总投资等于国内投资和外商投资之和:

$$I_t = I_{d,t} + I_{f,t} \quad (3.9)$$

其中,外商投资 $I_{f,t}$ 是 FDI 的函数,由于外商直接投资的流入并不是一次性全部投入生产,从外商直接投资流入到实际投资的完成存在时滞,即外商投资不仅依赖于当期外商直接投资的流入,还和以前各期外商直接投资的流入量相关,将这种相关关系简化为滞后两期的函数关系可以得到:

$$I_{f,t} = \psi_0 F_t + \psi_1 F_{t-1} + \psi_2 F_{t-2} \quad (3.10)$$

而国内投资 $I_{d,t}$ 根据合意资本存量 $K_{d,t}^*$ 和实际资本存量 $K_{d,t}$ 之间的差距进行调整,由于企业面临流动性约束,而且调整需要时间,因此这种调整是渐进的:

$$I_{d,t} = \lambda(K_{d,t}^* - K_{d,t}),\ \lambda < 1 \quad (3.11)$$

根据新古典投资理论,这里的合意资本存量 $K_{d,t}^*$ 取决于 G^e(预期经济增长)和 y(实际产出 Y 与最大产出 Y_n 之差)。在新古典投资理论中,资本使用成本受合意资本存量与实际资本存量之间差额的影响。这里并没有考虑资本的使用成本对最优资本存量的影响,因为许多实证研究发现在发展中国家,利率和其他资本使用成本在解释投资率的变化方面并不显著,这可能是因为投资面临着流动性约束的缘故。因此,这里的投资模型没有包括利率这一变量：

$$K_{d,t}^* = \phi_0 + \phi_1 G_t^e + \phi_2 y_t, \quad \phi_1, \phi_2 > 0 \quad (3.12)$$

实际资本存量 $K_{d,t}$ 的动态变化可以表示为：

$$K_{d,t} = (1-d)K_{d,t-1} + I_{d,t-1} \quad (3.13)$$

由式（3.11）、式（3.12）、式（3.13）可以整理得到：

$$I_{d,t} = \phi_0 + \lambda^2(1-d)^2 K_{d,t-2} + \lambda\phi_1 G^e + \lambda\phi_2 y$$
$$+ \lambda I_{d,t-1} + \lambda^2(1-d)I_{d,t-2} \quad (3.14)$$

将式（3.10）和式（3.14）代入式（3.1）得到：

$$I_t = \phi_0 + \lambda^2(1-d)^2 K_{d,t-2} + \lambda\phi_1 G_t^e + \lambda\phi_2 y_t + \psi_0 F_t$$
$$+ (\psi_1 - \lambda)F_{t-1} + [\psi_2 - \lambda^2(1-d)]F_{t-2}$$
$$+ \lambda I_{t-1} + \lambda^2(1-d)I_{t-2} \quad (3.15)$$

阿戈辛和迈耶根据上述理论模型建立回归方程，并使用多个发展中国家的现实数据进行面板数据实证检验，回归方程为：

$$I_{i,t} = \alpha_i + \beta_{1,i} F_{i,t} + \beta_{2,i} F_{i,t-1} + \beta_{3,i} F_{i,t-2} + \beta_4 I_{i,t-1}$$
$$+ \beta_5 I_{i,t-2} + \beta_6 G_{i,t-1} + \beta_7 G_{i,t-2} + \varepsilon_{i,t} \quad (3.16)$$

其中，I 表示投资和 GDP 的比率；F 表示 FDI 和 GDP 的比率；G 表示 GDP 的增长率；α 表示固定的国家效应；ε 表示随机误差项。

长期内的挤出或挤入效应可以通过考察如下长期反应系数来确定：

$$\hat{\beta}_{LT} = \frac{\sum_{j=1}^{3} \hat{\beta}_j}{1 - \sum_{j=4}^{5} \hat{\beta}_j}$$

共存在三种可能的情况：

（1）如果伍德约束检验无法拒绝 $\hat{\beta}_{LT} = 1$ 的假设，就说明不存在挤出或是挤入效应。即在长期内，GDP 的 1% 的外商直接投资的增加将带来 GDP 的 1% 的总投资的增加。

（2）如果 $\hat{\beta}_{LT} = 1$ 的假设被拒绝，且 $\hat{\beta}_{LT} > 1$，就代表存在挤入效应。

（3）如果 $\hat{\beta}_{LT} = 1$ 的假设被拒绝，且 $\hat{\beta}_{LT} < 1$，则表明存在挤出效应，

在长期内，1 单位 FDI 的增加将带来少于 1 单位总投资的增加。即 FDI 替代了部分国内投资。

阿戈辛和迈耶使用 1970~1996 年亚洲、拉丁美洲和非洲主要国家数据进行实证检验发现，亚洲国家的 FDI 普遍具有挤入效应，拉丁美洲国家的 FDI 普遍具有挤出效应，非洲国家的 FDI 表现出中性，不存在明显的挤出效应或挤入效应。

王志鹏、李子奈（2004）使用阿戈辛和迈耶的上述模型对中国 1987~2001 年 FDI 的挤入挤出效应进行实证检验，发现就全国而言，从反映系数的数值上看，FDI 对国内投资具有轻微的挤入效应，但这种挤入效应显著性水平较低。

从上述的理论模型和实证检验结果可以看出，FDI 对一国国内投资具有挤入效应还是具有挤出效应是不确定的。我国加入世贸组织以来，FDI 的大量流入对国内投资的挤入挤出效应还有待于进一步实证检验。因而，FDI 的流入对国内商业银行信贷规模的影响也具有不确定性。

3. 短期国际资本"热钱"流入对国内投资的影响

"热钱"主要是基于套利或者套汇的目的而流入一国。在进入一个国家之后，这些境外资金一般会进入一些短期回报较高的领域进行保值升值，股票市场和房地产市场成为较好选择。这也导致"热钱"对流入国股票价格和房地产市场价格的影响成为国际金融领域的重要研究议题。国内外许多实证研究文献都认为短期国际资本的流入对一国的股价和房价存在显著影响。

本书分析"热钱"流入对国内投资的影响，主要分为两个层面进行。首先，分析"热钱"流入对国内资产价格的影响，主要是对股票价格和房地产价格的影响。其次，再分析资产价格变动对国内投资的影响，主要分析股票价格变动和房地产价格变动对固定资产投资的影响。

（1）"热钱"流入对股票价格和房地产价格的影响。刘莉亚（2008）构建了一个简单的理论模型，对短期国际资本流入与国内资产价格之间的关系进行了理论分析。

刘莉亚（2008）的理论模型构建如下：在第 t 期时，国外资本进入的总量、国内单位资产的价格分别用 F_t 和 p_t 表示。假设一单位国内资本每期能够产出 ρ 单位的产品，世界实际利率固定为 $\bar{r}$。可以将经济体的利率和国外资本进入总量之间关系表述为：

$$r_t = \varphi(F_{t-1}), \quad \varphi' < 0 \tag{3.17}$$

其中，r_t 代表第 t 期利率。假定国外资本流入总量的变化发生在期末，则本期利率是上一期国外资本流入总量的函数。可以将国际资本流动成本表达为：

$$C_t = \lambda(|\Delta F_t|), \quad \lambda' > 0 \tag{3.18}$$

其中，C_t 代表第 t 期的国外资本流动的成本，ΔF_t 代表 $F_t - F_{t-1}$，$\Delta F_t < 0$ 表示短期国际资本外逃，$\Delta F_t > 0$ 表示短期国际资本净流入。对 ΔF_t 加上绝对值符号是因为国际"热钱"的流出和流入都具有成本。

国内单位资产的价格 p_t 的决定方程为：

$$p_t = \frac{\rho}{r_t} \tag{3.19}$$

将式（3.17）代入式（3.19）可得：

$$p_t = \frac{\rho}{\varphi(F_{t-1})} \tag{3.20}$$

式（3.20）两边对 F_{t-1} 求导得：

$$\frac{dp_t}{dF_{t-1}} = -\rho \frac{\varphi'(F_{t-1})}{\varphi^2(F_{t-1})} > 0 \tag{3.21}$$

在均衡条件下，国外资本的边际成本与其边际收益预期相等：

$$\bar{r} + C_t = E_t\left[\left(\frac{\rho}{p_t} + \frac{p_{t+1} - p_t}{p_t}\right)\bigg|\theta_t\right] \tag{3.22}$$

其中，θ_t 为第 t 期所有信息的集合。式（3.22）可以简化为：

$$C_t = \frac{\rho}{p_t} + \frac{E_t[p_{t+1}] - p_t}{p_t} - \bar{r} \tag{3.23}$$

式（3.23）中的 C_t 为国外资金所有者为了实现收益最大化而可以接受的流动成本。在国外资金所有者知道式（3.18）的前提下，即政府

对于资本流入管制公开时，C_t 进一步决定了 $|\Delta F_t|$：

$$|\Delta F_t| = \lambda^{-1}(C_t) \tag{3.24}$$

我们考虑资本净流入的情形，即 $\Delta F_t > 0$ 时，上式变为：

$$\Delta F_t = \lambda^{-1}(C_t) \tag{3.25}$$

将式（3.23）代入式（3.25）后，等式两边分别同时对 p_t 和 $E_t[p_{t+1}]$ 求偏导得：

$$\frac{\partial \Delta F_t}{\partial p_t} = -\varphi^{-1'}\left(\frac{\rho}{p_t} + \frac{E_t[p_{t+1}] - p_t}{p_t} - \bar{r}\right)\frac{\rho + E_t[p_{t+1}]}{p_t^2} < 0 \tag{3.26}$$

$$\frac{\partial \Delta F}{\partial E_t[p_{t+1}]} = -\varphi^{-1'}\left(\frac{\rho}{p_t} + \frac{E_t[p_{t+1}] - p_t}{p_t} - \bar{r}\right)\frac{1}{p_t} > 0 \tag{3.27}$$

式（3.21）表明，当上一期发生国外资本净流入时，当期国内资产价格将会上升。

（2）股票和房地产价格对国内投资的影响。关于资产价格对投资的影响，托宾 q 理论给出了具有代表性的分析，q 投资理论由托宾于 1969 年建立。

一个代表性厂商在 t 时的真实利润与其资本存量 K(t) 成正比，并随全行业的资本存量 K(t) 递减；πK(t) 表示资本的边际收益产品，厂商的利润为 π[K(t)]K(t)，其中 π'(g) < 0。

假定厂商对资本存量的调整成本是厂商资本存量 k^* 的凸函数，调整成本 $C(k^*)$ 满足 C(0) = 0，C'(0) = 0，C''(0) = 0。设资本品的购买价格不变，折旧率假定为 0，则厂商在某一时点的利润为 π(K)k - I - C(I)。厂商最大化该利润的现值为：

$$\prod = \int_{t=0}^{\infty} e^{-rt}\{\pi[K(t)]k(t) - I(t) - C[I(t)]\}dt \tag{3.28}$$

建立 Current-value Hamiltonian 函数：

$$H[k(t), I(t)] = \pi[K(t)]k(t) - I(t) - C[I(t)] + q(t)I(t) \tag{3.29}$$

由前假定条件可得 $k^*(t) = I(t)$，因此有

FOCs：（1）$\dfrac{\partial H}{\partial I}=0$，由此得 $1+C'[I(t)]=q(t)$ (3.30)

（2）$rq(t)-\dfrac{\partial H}{\partial k}=q^*(t)$，由此得 $\pi[K(t)]=rq(t)-q^*(t)$ (3.31)

（3）$\lim\limits_{T\to\infty}e^{-rt}q(t)k(t)=0$ (3.32)

方程（3.30）、方程（3.31）、方程（3.32）描述了厂商的最优行为。方程（3.30）表明，厂商将增加投资直到获得资本的成本达到 $q(t)$。方程（3.31）表明，对于任何的 T>t，有：

$$q(t)=\int_{\tau=t}^{T}e^{-r(\tau-t)}\pi[K(\tau)]d\tau+e^{-r(\tau-t)}q(T) \quad (3.33)$$

结合方程（3.32）可知，$\lim\limits_{T\to\infty}e^{-r(T-t)}q(t)k(t)=0$ (3.34)

所以有 $q(t)=\int_{\tau=t}^{\infty}e^{-r(\tau-t)}\pi[K(\tau)]d\tau$ (3.35)

式（3.35）表明，q 为 1 单位资本存量的市场价值，即如果厂商增加 1 个单位资本存量，则其利润的现值增加 q，从而厂商的价值增加 q。q>1 时，厂商将增加资本存量。

具体到股票价格对企业投资的影响时，托宾 q 将资本市场与实业经济联系起来。如果 q 值大于 1，企业的市场价值高于资产重置成本，企业将会发行股票进行低成本的融资。股票价格上涨将带来 q 值的增加，企业会发行更多股票来进行融资，增加投资和产出。

在分析房价对房地产开发投资的影响时，房地产的市场价值可以用房价表示，房地产重置成本可以用建设成本表示，这样，房价与建设成本之比就是房地产的托宾 q 值。房价的快速上涨将提高房地产的托宾 q 值，此时投资建房有利可图，房地产开发投资将会增加。

根据上述国际资本流入对资产价格影响的理论分析，短期国际资本流入具有推动国内资产价格上涨的效应，尤其是股价和房价。而托宾 q 理论认为，股价上升将带动企业发行更多股票和增加投资，房价上涨将推动房地产开发投资的增长。因此，短期国际资本的流入具有增加国内固定资产投资的效应,从而提高商业银行信贷需求。

三、金融危机背景下外汇储备对货币供给的内生性影响机制

在经济危机或者金融危机背景下,一国持有的外汇储备规模对货币供给的内生性影响主要通过稳定市场预期和预防"流动性陷阱"来体现。如果外汇储备规模不足,市场容易出现恐慌和对未来的悲观预期,扩张性货币政策难以实现政策效果,经济陷入"流动性陷阱"。如果外汇储备规模十分充足,则有利于维持汇率稳定和本币币种,稳定市场预期和信心,避免经济陷入"流动性陷阱",有助于宽松货币政策效果的实现。

应对"流动性陷阱"的一个重要方法是增强通货膨胀预期,降低实际利率,刺激投资和消费。当一个经济体持有大量外汇储备而又想保持汇率的稳定时,必然带来基础货币的大量投放。在经济正常运行时,为了保持物价稳定,货币当局一般会采取冲销措施控制基础货币的过快增长。但当经济遇到危机冲击时,货币当局则会启动扩张性货币政策。而大量外汇储备的存在,货币冲销措施的停止,加上扩张性货币政策的实施,会强化通货膨胀预期,实际利率将大幅度下降,导致投资和消费激增,扩张性货币政策不仅不会受阻,反而会被放大,货币供给内生性扩张。

(一) 预防性动机的外汇储备持有理论

外汇储备的预防性持有理论体现了一国受到经济或金融危机冲击时,外汇储备的重要性。赫勒(Heller,1966)提出了基于预防性动机的外汇储备持有理论。该理论认为,在一国经常账户频繁波动时,如果外汇储备持有量不足,则该国需要通过削减财政支出、控制投资和消费等支出转化措施进行调节,这可能会导致消费需求下降、失业率上升甚至较为严重的经济衰退。爱德华兹(Edwards,1983)注意到,固定汇率制国家需要更多的外汇储备以预防金融危机,而实行浮动汇率制的国

家体现不出预防性动机。20世纪90年代，为了应对资本账户逆转风险，一些学者提出了自我保险理论，认为发展中国家常面临国内资本外逃风险和外部融资危机，需要通过自身囤积外汇储备来应对资本外逃可能给经济带来的冲击，视国际储备为产出的稳定器。随着新兴市场国家相继发生金融危机，珍妮和朗西埃（Jeanne and Ranciere，2006）提出了以吸收法为出发点的最优外汇储备持有量模型。该模型的基本观点是当资本突然外流现象发生时，会造成一国产出的衰退，而持有足够的外汇储备，可以通过对国内居民的转移性支出而减缓国内居民消费水平所受到的冲击，进而国内产出也不至于大幅度地下跌。珍妮和朗西埃（2006）模型关于吸收法与外汇储备的主要内容为：

由国内生产总值核算的支出方程式可知：

$$Y_t = C_t + I_t + G_t + X_t - M_t \tag{3.36}$$

其中，Y_t代表产出，C_t代表消费，I_t代表投资，G_t代表政府支出，X_t代表出口，M_t代表进口，下标t代表时间。

令A_t表示国内吸收（domestic absorption），$A_t = C_t + I_t + G_t$；令TB_t表示贸易余额，$TB_t = X_t - M_t$。根据国际收支账户，TB_t可以表示为：

$$TB_t = -FA_t + \Delta R_t \tag{3.37}$$

其中，FA_t代表金融账户余额。$\Delta R_t = R_t - R_{t-1}$表示前后两期外汇储备量之间的变动差额。合并式（3.36）与式（3.37）可得：

$$A_t = Y_t + FA_t - \Delta R_t \tag{3.38}$$

式（3.38）表示造成国内吸收减少的原因有两个。第一，资本账户危机可能造成紧缩性的贬值和国内产出衰退（即Y_t下跌），进而导致国内吸收的减少；第二，当一国发生资本突然外流现象时，会使金融账户余额（FA_t）产生大幅度的下跌，在其他情况不变情况下，这会导致国内吸收的减少。式（3.38）右边第三项表示，政府动用外汇储备ΔR_t将减缓国内吸收减少的幅度或抵消资本突然外流对国内吸收程度的影响。

可见，充足的外汇储备对于应对经常账户和资本与金融账户逆转、国际资本外流十分重要，这种重要性不仅体现在国际收支调节和汇率干预上,更重要的是能够稳定市场预期和信心。当一国面临危机冲击时,充足的外汇储备能够预防市场信心的下降和避免出现恐慌。

(二)"流动性陷阱"理论

克鲁格曼在1988年提出的期间优化选择模型对"流动性陷阱"给出了自己的阐述。模型假定经济主体是完全相同且永远存活的,在一个单产品的社会中,参与人的效用函数为:

假定一个单产品的社会,参与人效用函数为:

$$U = \frac{1}{1-\rho} \sum C_t^{1-\rho} D^t (D < 1) \tag{3.39}$$

其中,C_t是t时期的消费,D是贴现率,ρ为风险规避系数。为了方便起见,对效用函数取对数,个人预期产出最大化为:

$$U = D\ln C_1 + D^2\ln C_2 + D^3\ln C_3 + \cdots + D^t\ln C_t \tag{3.40}$$

在每一期期初,个人可通过现金来购买债券,名义利率为i_t。购买完债券之后剩下的现金M_t成为本期消费的预算约束。个人通过出卖劳动或出售资本获取收入Y_t。政府通过公开市场操作控制货币供给,也可以在跨期预算约束下进行税收或转移支付。

当名义利率为正时,个人为了购买消费品而持有一定现金,并将多余的货币投入资本市场,因此"cash-in-advance"约束将会是 Pc = Py = M,即 $P = \frac{M}{y}$。这是一般情况下货币供给和价格水平之间的简单关系,这是关于货币的关系式。

考虑跨期选择时,可以得到另一个关系式。假设个人在第一期持有一元钱,他在第一期放弃了$\frac{1}{P}$单位的消费品,因此,他在第二期能够多消费$\frac{1+i}{P^*}$单位的消费品,个人的选择最优为:

$$\frac{1}{C} \times \frac{1}{P} = \frac{D}{C^*} \times \frac{1+i}{P^*} \tag{3.41}$$

整理可得:

$$1+i = \frac{1}{D} \times \frac{C^*}{C} \times \frac{P^*}{P} \qquad (3.42)$$

另外，由于每一期的消费必须与产出相等，有 $1+i = D^{-1}\left(\frac{y^*}{y}\right)\left(\frac{P^*}{P}\right)$，即价格水平和名义利率此消彼长。由于假定未来的价格水平固定为 P^*，现在价格水平的上升会带来通货紧缩预期和较低的名义利率水平。

克鲁格曼用图 3-6 来描述这两个关系式，MM 曲线表示 $P^* = \frac{M^*}{y^*}$，CC 曲线表示 $1+i = D^{-1}\left(\frac{y^*}{y}\right)\left(\frac{P^*}{P}\right)$，两者相交于均衡点 e_1，同时决定了价格和利率水平。货币供给的扩张使 MM 线右移，带来更低的名义利率和更高的价格水平。

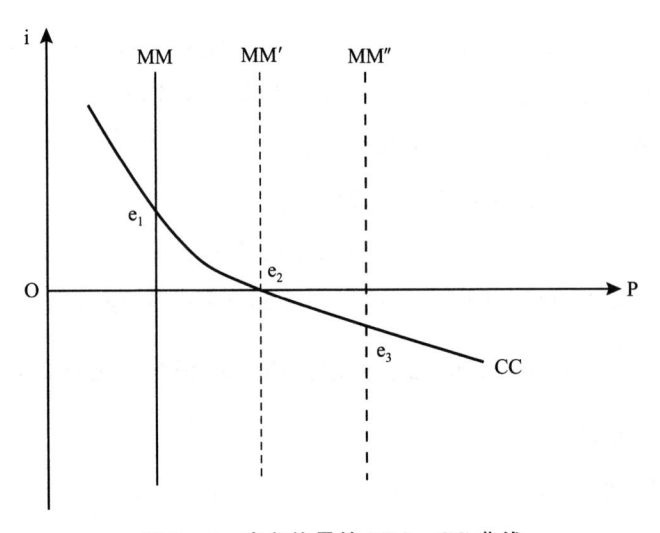

图 3-6 克鲁格曼的 MM-CC 曲线

从图 3-6 的均衡点 e_1 开始，公开市场操作增加了货币供给，导致 MM 线右移，使利率下降和价格水平上升，均衡点沿着 CC 曲线下滑到均衡点 e_2。货币供应量的继续增加将导致均衡点下滑至 e_3，在这一均衡点上名义利率为负。但现实经济中的名义利率不会为负。因此，超额的货币供给将促使利率变为零,货币在个人资产组合中将替代零息债券,MM 曲线变得无关紧要,货币供给扩张不再对价格水平和利率产生影响,经济停留在均衡点 e_2。

在价格黏性的条件下,第一期的消费和产出是相等的。给定效用函数,假定在第二期的消费为 y^*,决定了实际产出的"IS 曲线" $c = y = D^{-1}y^*\left(\dfrac{P^*}{P}\right)(1+i)^{-1}$,显示出了产出是如何由消费需求所决定,MM 曲线表示 $y = \dfrac{M}{P}$。

如图 3-7 所示,MM 曲线和 IS 曲线的交点 e_1 决定了利率和产出。从 e_1 点开始,货币供给的扩张能够降低利率并增加产出,使交点随 IS 曲线向右下方移动。货币供给的增加超过一定水平会使得利率降为零,即为 e_2 点。由于名义利率不能为负,不管货币供给如何进一步扩张,经济将始终停留在 e_2 水平,处于典型的流动性陷阱中。

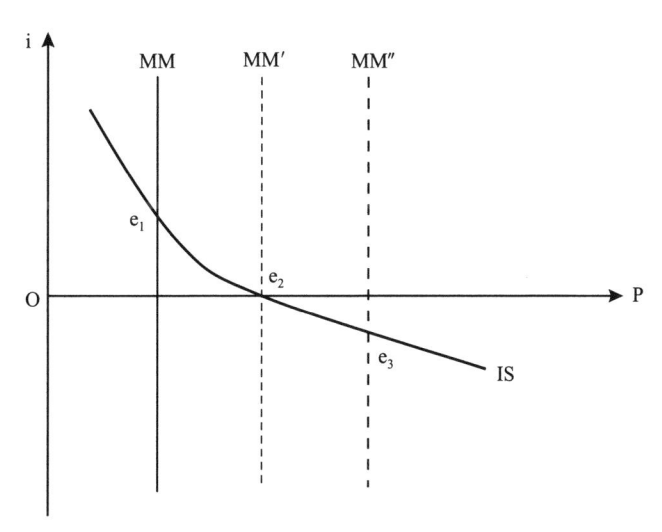

图 3-7 克鲁格曼"流动性陷阱"

克鲁格曼在"流动性陷阱"的分析中引入预期因素,认为市场投资意愿受到经济前景和投资回报预期的影响,消费者的消费意愿受到其对未来收入和支出水平预期的影响。一旦投资者和消费者陷入悲观预期,宽松型货币政策效果将很难实现。预期的引入对古典"流动性陷阱"是一个重要修正。克鲁格曼还认为,当利率下降到非常低的水平时,人们不一定会增加手持货币,也可能将钱大量地存入银行变为储蓄,但投资者和商业银行对未来经济的悲观预期导致这些储蓄无法被转化为投资,即流动性陷阱也可以表现为预防货币需求的利率弹性无限大。克鲁格曼的"流动性陷阱"的理论和凯恩斯原来的定义在本质含义上没有很大区别,只是将产生"流动性陷阱"的主要原因归结于有效需求不足导致的生产下降,可以看作是对凯恩斯和希克斯流动性陷阱理论的深化发展,也被称为广义的流动性陷阱。

第四章

我国外汇储备增长、冲销措施与货币供给

第一节 外汇储备存量与增量

一、外汇储备存量

（一）外汇储备存量在国外资产中的占比

2001年底中国加入世界贸易组织以来，我国经常项目和资本与金融账户双顺差持续，国外资产规模不断积累。2002年国外资产规模为2.3万亿元，2014年6月底国外资产规模已达到28万亿元，翻了10倍多。2006年底，我国成为世界第一大国外资产持有国。在我国巨额国外资产中，外汇资产占据绝大部分份额，如图4-1所示。

从图4-1中可以看出，外汇资产在国外资产中的占比一直较高，2002年外汇资产规模为2.2万亿元，占当年国外资产的96.9%，2014年6月底外汇资产规模为27万亿元，占国外资产总量的97.1%。黄金资产和其他国资产在国外资产中的占比非常小，2014年6月底，黄金资产在国外资产中占比为0.24%，其他国外资产占比为2.63%。

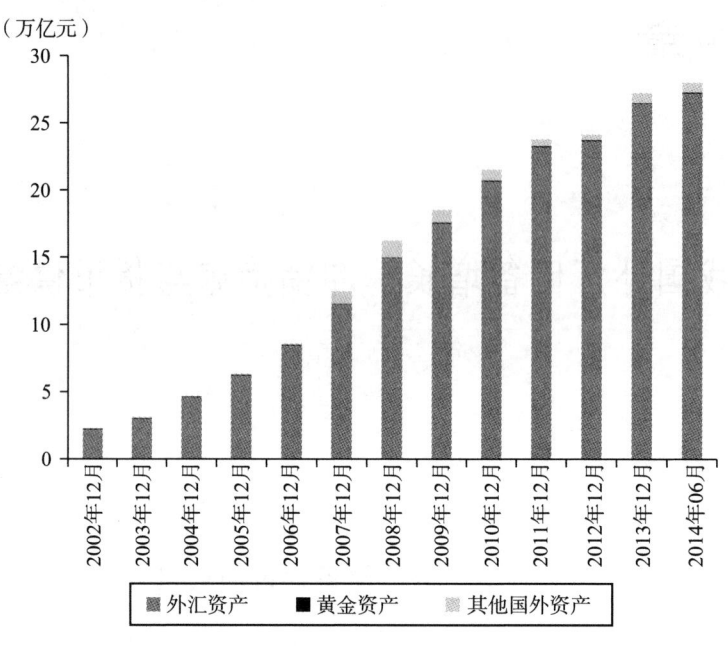

图 4-1　国外资产与外汇资产存量

（二）外汇储备存量的构成

近年来我国外汇资产的净流入主要由三大因素贡献，分别是净出口、外商直接投资和短期国际资本流动。已有研究文献中使用的短期国际资本流动测算方法可归纳为三种：直接法、间接法和混合法。较多使用的一种简化的间接法计算公式为"短期国际资本流动=国际储备增加额-净出口额-FDI"。刘莉亚（2008）对这种方法进行了改进，将其中的国际储备增加额替换为外汇占款增量，这样可以剔除外汇储备增量中包含的主要货币汇率变动造成的估值效应和储备资产海外投资收益，这两部分都不是真正的资本流入。改进后的方法为"短期国际资本流动月度数据=月度外汇占款增量-月度贸易顺差-月度实际利用FDI"。本书使用改进后的方法估算了2001年至2014年6月中国短期国际资本流动的数据。其中外汇占款数据来自中国人民银行网站，贸易顺差（进出口差额）和外商直接投资实际利用额（FDI）数据来自商务部网站统计。

第四章 我国外汇储备增长、冲销措施与货币供给

本书首先计算了2001年至2014年6月贸易顺差、外商直接投资和短期国际资本净流入的年度增量数据，然后从2001年开始不断累加，计算各自的存量数据。

2002年以来，净出口、外商直接投资和短期国际资本净流入三者都经历了规模积累的过程，存量规模不断上升，导致外汇资产存量的快速增长。2002年净出口规模为529亿美元，2014年6月净出口存量为2.08万亿美元。2002年外商直接投资规模为995亿美元，2014年6月外商直接投资存量达到1.1万亿美元。2002年短期国际资本表现为净流出445.8亿美元，2003年开始直至2014年6月，每年的短期国际资本表现为净流入，2014年6月短期国际资本净流入累计规模为1.42万亿美元。如图4-2所示。

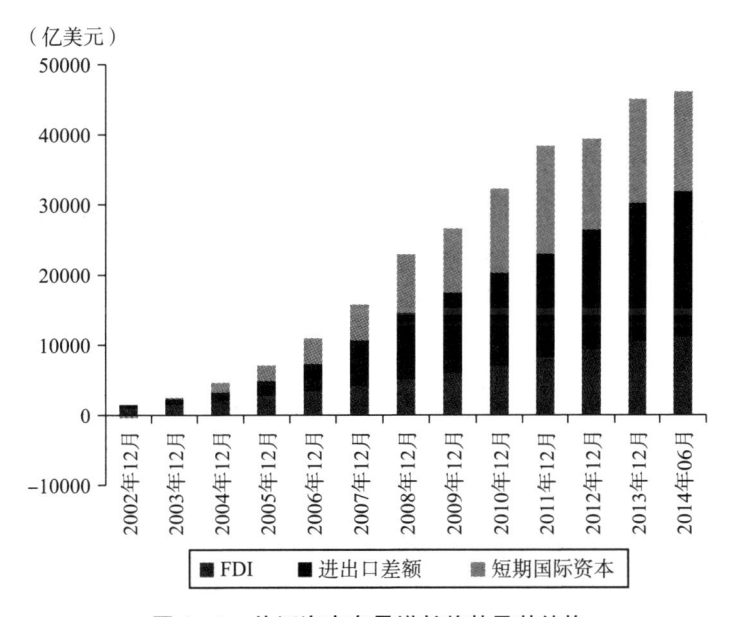

图4-2 外汇资产存量增长趋势及其结构

注：图中的存量数据是由2001年至2014年6月每年增量数据累积计算获得，由于从2001年开始累积，数据与中国人民银行公布数据有所差别，差别在于没有包括2000年以前的数据。由于2000年之前的外汇资产规模较小，因此数据上的差别也较小。本书这样做的目的是为了计算短期国际资本流入、进出口差额、外商直接投资的存量数据，并分析其在外汇资产存量中的占比。

从净出口、外商直接投资和短期国际资本流动三大构成要素的存量占外汇资产存量的比重来看，外商直接投资在外汇资产存量中的占比从2003年的62%持续下降到2008年的22%，2008年至2014年6月外商直接投资的占比一直稳定在22%左右。伴随着外商直接投资占比的下降，进出口差额的占比持续上升，从2004年的24%增加到2008年的42%，之后一直稳定在40%~45%之间。短期国际资本净流入的积累在外汇资产存量中的占比自2003年以后持续上升，从2003年的6.8%增加到2011年的40%，2012~2014年稳定在32%左右。截至2014年6月底，贸易顺差存量在外汇资产存量中的占比最高，为45%，短期国际资本净流入的积累在外汇资产存量中的占比次之，为31%，FDI存量在外汇资产存量中的占比为24%。如图4-3所示。

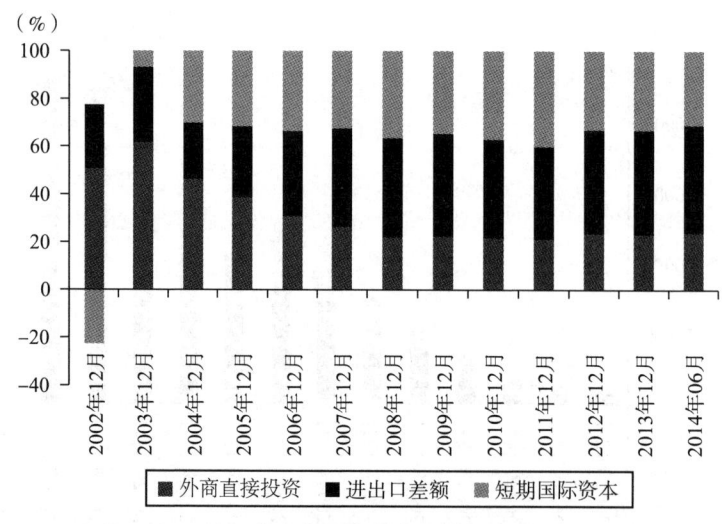

图4-3 外汇资产存量中三大构成要素的占比变化

二、外汇储备增量

(一) 新增外汇储备及其结构

由于货币当局的外汇资产数据中包含了外汇投资损益和汇率变动损

益等因素，本书使用金融机构新增外汇占款表示外汇资产增量。新增外汇占款同样主要由当期的贸易顺差、外商直接投资和短期国际资本净流入三大要素构成。2002年以来金融机构新增外汇占款及其构成要素的变化趋势半年度数据如图4-4所示。

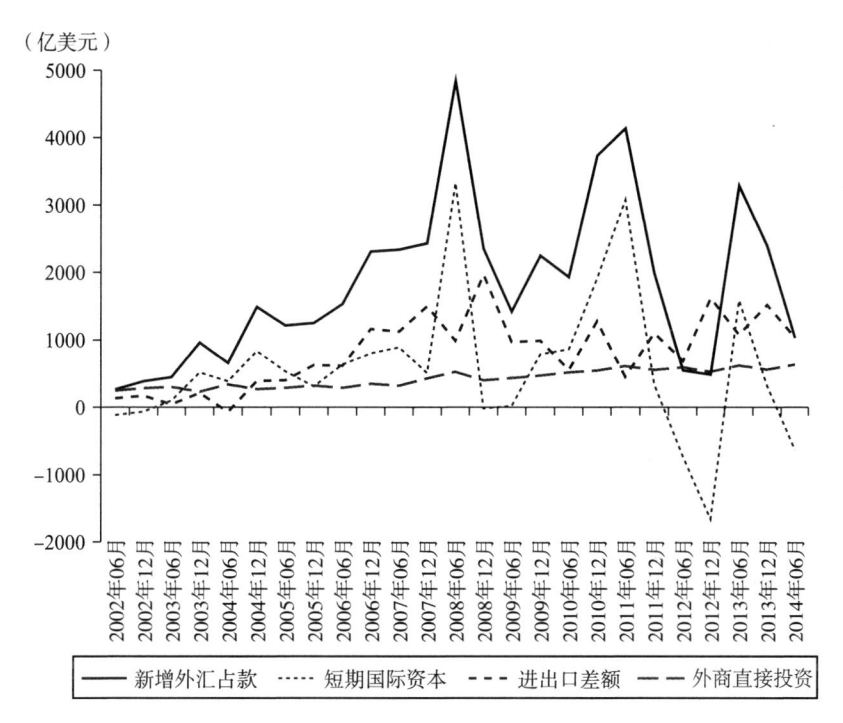

图4-4 外汇资产增量及其构成

图4-4中阐述的内容可以概括为以下几点：第一，从新增外汇占款的构成来看，外商直接投资的占比较小，短期国际资本净流入和贸易顺差的规模旗鼓相当，成为外汇资产增量的主要来源。第二，从波动性上来看，在2008年上半年之前，新增外汇占款呈持续上升趋势。这种上行主要是由贸易顺差贡献的，因为在这一时期，新增外汇占款和进出口差额表现出较一致的上升趋势，而外商直接投资和短期国际资本净流入的增长较为平缓。第三，在2008年下半年之后，新增外汇占款表现

出剧烈波动性。新增外汇占款分别在2008年上半年、2011年上半年和2013年上半年出现三个高峰值，并在2008年下半年、2011年下半年和2013年下半年出现三个持续下降的拐点。而在这三个拐点处和外汇资产增量呈现出同样波动趋势的是短期国际资本净流入，外商直接投资和贸易顺差都表现平稳。短期国际资本流动是造成新增外汇占款在2008年之后出现剧烈波动的主要原因。总结而言，新增外汇占款在2002~2008年上半年的上升趋势主要是由贸易顺差增长拉动的，新增外汇占款的较大波动性是由短期国际资本流动的剧烈波动导致的，外商直接投资在长期中表现平缓的上升趋势。

从新增外汇占款的具体增长速度来看，2002年上半年金融机构新增外汇占款为262.6亿美元，2008年上半年金融机构新增外汇占款为4841亿美元，是2002年上半年的18.4倍。2008年下半年，受美国次贷危机的影响，外汇资产净流入增长受到负面冲击。2009年新增外汇占款第一次出现同比负增长，之后新增外汇占款增长速度表现出较大的不稳定性。

2002~2008年新增外汇占款较高的增长速度主要是由贸易顺差的高速增长引致的。2002~2008年新增外汇占款同比增长率平均值为52.2%，这一期间贸易顺差同比增长率平均值为56.8%。而2009年开始的新增外汇资产同比负增长是由贸易顺差、外商直接投资和短期国际资本净流入三大影响因素的同时负增长导致的。2009年贸易顺差同比增长-33.6%，外商直接投资同比增长-2.6%，短期国际资本流入同比增长-75.7%。可见2008年美国次贷危机对新增外汇占款的冲击来自多个方面，外汇资产三大来源因素同时受到影响，共同出现负增长。2009年之后新增外汇占款同比增长率出现了较大波动性，分别在2009年、2012年和2014年上半年出现同比负增长，增长率分别为-49.0%、-83.2%和-68.7%。而同样表现出剧烈波动性的是短期国际资本流入的增长，其在2009年、2012年和2014年上半年也表现为同比负增长，增长率分别为-75.7%、-170.2%和-139.8%。因此2009~2014年6

月新增外汇占款的较大波动性主要由短期国际资本流动的不稳定性造成。如表4－1所示。

表4－1　　　　新增外汇占款及其构成要素的同比增长率　　　　单位：%

年份	新增外汇占款	贸易顺差	外商直接投资	短期国际资本流入
2002	50.5	34.7	12.6	—
2003	116.6	-15.9	1.4	—
2004	52.7	25.2	13.3	98.4
2005	14.9	218.6	-0.5	-30.9
2006	55.9	74.2	4.5	70.6
2007	24.2	47.8	18.6	-2.6
2008	50.8	12.7	23.6	137.0
2009	-49.0	-33.6	-2.6	-75.7
2010	54.4	-6.6	17.4	244.5
2011	8.2	-15.3	9.7	23.1
2012	-83.2	49.0	-3.7	-170.2
2013	451.9	12.4	5.3	—
2014年上半年	-68.7	-4.7	2.2	-139.8

（二）近期外汇储备增长的波动及其影响因素

外汇资产的近期增长趋势将主要受到出口增长趋势、人民币参与跨境贸易结算、资本和金融账户差额不稳定性等因素的影响。

首先，出口形势显现出好转迹象。虽然2014年第一季度进出口数据低于市场预期，但第二季度的进出口数据强化了内需和外需的正面信号，市场悲观情绪得到扭转。4月出口同比上涨0.85%，进口同比上涨0.88%，贸易顺差184.8亿美元。5月出口同比上涨7%，进口同比上涨－1.52%，贸易顺差359.2亿美元。虽然出口呈现恢复增长的势头，但全球经济增长仍面临风险。美国经济复苏形势持续向好，欧元区经济复苏形势不及预期，日本和新兴经济体复苏乏力。4月初，国际货币基金组织预计全球经济增长将从 2013 年的 3% 上升到 2014 年的 3.6% 和 2015 年的 3.9%。7 月初，国际货币基金组织总裁拉加德暗示将略微下调全球经济增长预测。不过，中国政府提出支持外贸增长和优化外贸结构的相关措施将给下半年出口带来利好。另外，人民币汇率接近均衡汇率水平，人民币波动和贬值幅度加大有利于提高出口竞争力。预计 2014 年下半年出口形势将有所好转，贸易顺差有望保持恢复性增长。得到改善的贸易顺差将贡献一部分新增外汇占款，如图 4-5 所示。

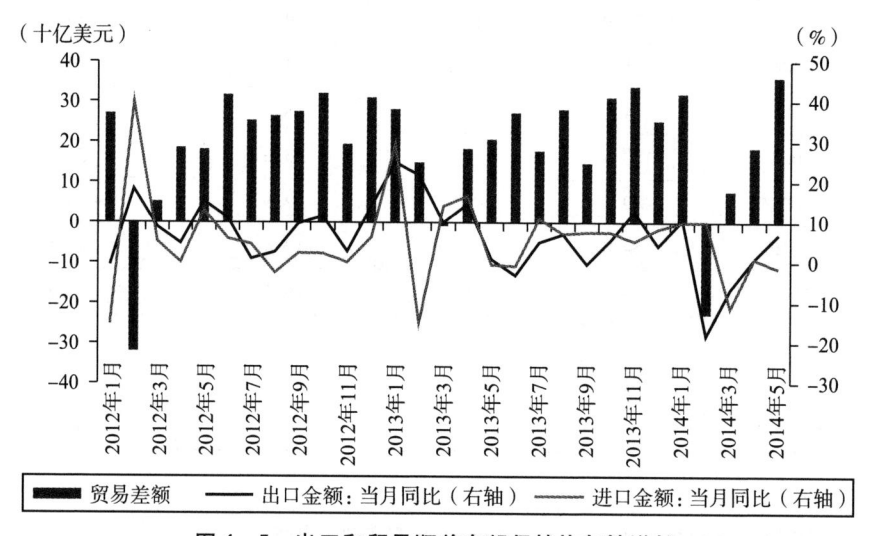

图 4-5 出口和贸易顺差有望保持恢复性增长

其次，人民币离岸市场和自贸区建设的进一步深化将提高人民币在国际贸易结算中的地位。2014 年第一季度，银行累计办理跨境贸易人民币结算业务 1.65 万亿元，同比增长 64%。人民币参与跨境贸易结算将成为外汇占款增长的另一重要驱动力。

再次，短期国际资本流动的不稳定性，造成了资本与金融账户差额的剧烈波动，给外汇资产增长带来不确定性。新增外汇资产主要由经常账户顺差、资本和金融账户顺差组成。2009 年以前新增外汇占款主要由经常项目顺差贡献，2009 年以后，资本和金融账户差额规模超过了经常账户差额。2011年以来，资本和金融账户差额不稳定性增强，时常出现逆差，抵消掉经常账户顺差后，将新增外汇占款数量大幅度拉低，甚至导致新增外汇占款在个别月份出现负增长，如图4-6所示。

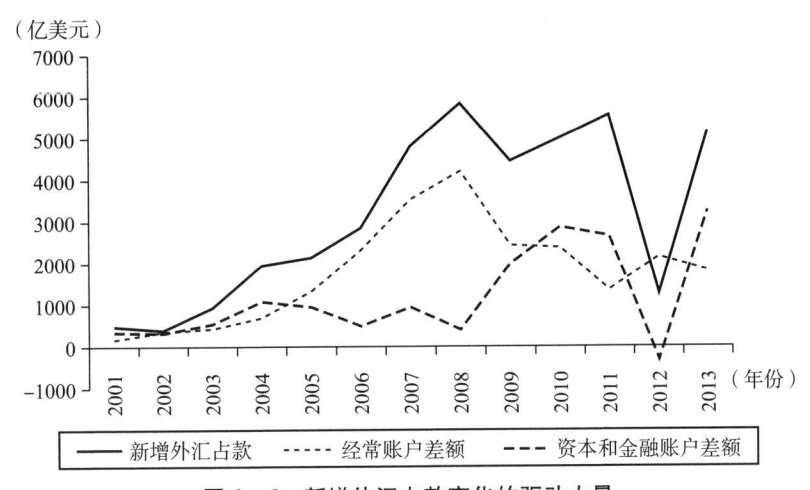

图4-6 新增外汇占款变化的驱动力量

将资本和金融账户进行细化分析发现，直接投资差额和证券投资差额表现都较为稳定，其他投资差额的不稳定性是导致资本和金融账户波动的主要原因。其他投资差额包括贸易信贷差额、贷款差额、货币与存款差额、其他差额，反映了短期国际资本流动的变化。2009年之后其他投资差额和短期国际资本流动表现出较大波动性，如图4-7所示。

最后，人民币贬值预期导致企业和居民持有外汇的意愿增强，将会减少一部分外汇占款增长。2014年4月金融机构新增外汇存款19.4亿美元，5月新增外汇存款28.3亿美元，企业和居民持汇意愿不断增强。在2002年至2008年短期国际资本大量净流入的主要影响因素中，人民币升值的影响最强。如在短期国际资本流入的两大高峰时期，2008年1月至7月，短期国际资本流入3670亿美元，没有发生短期国际资本流出，平均每月净流入524亿美元。2010年5月至2011年9月，短期国际

（亿美元）

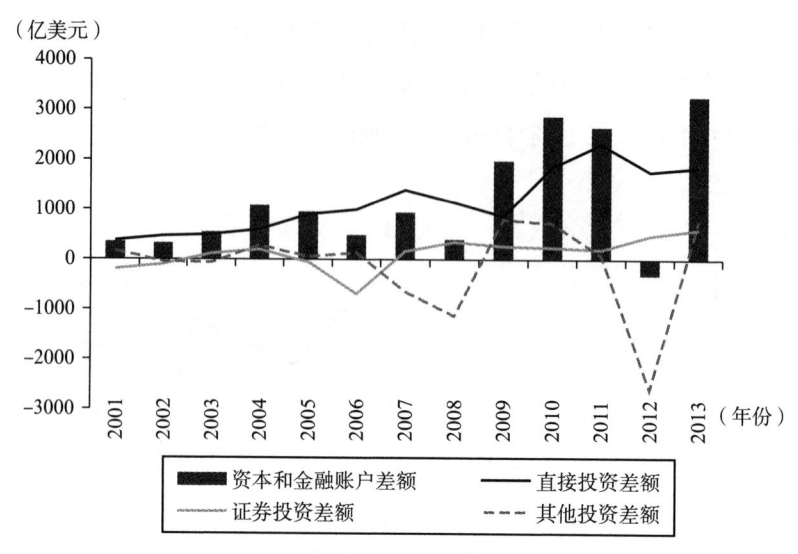

图4-7 资本和金融账户差额波动性分解

资本流入 5959 亿美元，流出 195 亿美元，净流入 5764 亿美元，平均每月净流入 339 亿美元。这两个时期的月均短期国际资本净流入量达到 2002 年至 2014 年 6 月所有时间段的最高水平。这两段时期月均股价收益率都为负，月均房价收益率虽然都为正，但是收益率不高，对短期国际资本的吸引力不强。而这两段时期内人民币对美元汇率升值迅速，月均升值分别高达 757 个点和 261 个点。因此，这两段时期的短期国际资本净流入主要是由人民币升值引致的。可见，人民币快速升值期间，即使不存在其他因素影响，短期国际资本净流入规模和速度也大于其他时期，说明套汇因素对短期国际资本的引致能力最强。再观察短期国际资本净流出的两个时间段，2008 年 8 月至 12 月，短期国际资本净流出 373 亿美元，平均每月净流出 75 亿美元。2011 年 10 月至 2012 年 12 月，短期国际资本净流出 6573 亿美元，平均每月净流出 548 亿美元。虽然在这两段时期内人民币有所升值，但升值幅度非常小速度缓慢，和汇率稳定差别不大，对短期国际资本的吸引力不强。虽然 2011 年 10 月至 2012 年底月均中美利差达到所有时间段的最高水平 3.26%，但是仍然不足以吸引短期国际资本的净流入，证明正利差对短期国际资本的吸引力非常小。可见，在人民币升值预期降低的时期，短期国际资本面临着较大的净流出风险。

在目前人民币升值空间收窄和贬值预期较强的市场环境下，再加上美国退出量化宽松政策（QE）和加息预期的强化，国内房地产市场的下滑，导致国内市场对"热钱"的吸引力下降。外汇占款的增长存在较多扰动因素。4月份，贸易顺差为1137亿元，而新增外汇占款只有846亿元。5月份，贸易顺差为2214亿元，新增外汇占款仅为3.6亿元。2014年下半年，私人部门购汇和持汇意愿增强可能持续，资本和金融账户差额依然面临下行风险，外汇占款累积性大规模增长的可能性不大。

第二节 货币冲销措施

一、央行票据的发行

央行票据是中国人民银行面向全国银行间债券市场成员发行的债券。人民银行分别于1993年、1995年、1997年发行过中央银行债券，当时称为融资券。2002年以来，伴随着贸易顺差和外商直接投资的大量流入，外汇供大于求，为了控制人民币升值速度，货币当局购买大量外汇，对基础货币的适度增长造成冲击。2002年以前，中央银行主要通过在公开市场上进行债券正回购来回笼基础货币，但2002年以来，在外汇占款规模快速增长的背景下，货币当局国债资产的不足制约了正回购的操作空间。为了增加公开市场业务操作工具，加强对基础货币的调控力度，货币当局选择发行中央银行票据作为对冲净国外资产的主要工具。2002年9月，中国人民银行将未到期的正回购品种转换为同期限的央行票据，共1937.5亿元。2003年4月，中国人民银行开始直接发行央行票据，截至 2003 年 6 月末，中国人民银行共发行 1950 亿元央行票据，央行票据发行余额为 2400 亿元。发行央行票据从此成为货币当局调节基础货币的一种新工具。货币当局发行央行票据的目的主要是收回由于购买外汇而增加的流动性，随着外汇资产增量的变化，央行票据发行量也随之改变。2002~2013 年新增外汇占款和央行票据发行量及发行余额的变化趋势如图 4-8 所示。

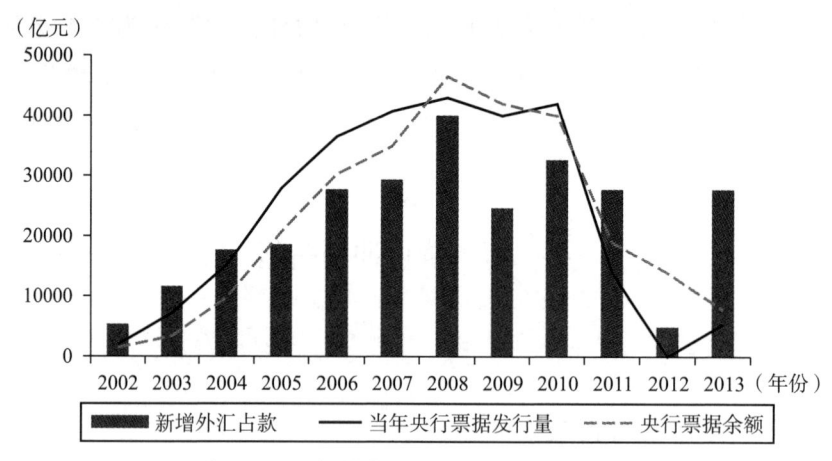

图 4-8 新增外汇占款和央行票据发行

从图 4-8 中可以看到，2002~2004 年央行票据发行量和发行余额均低于当年新增外汇占款。但随着外汇资产规模的增长，对冲外汇资产的压力不断增加。另外，部分央行票据到期形成了基础货币投放效应，也加大了基础货币回笼的压力。央行票据发行量和发行余额从 2005 年开始超过当年新增外汇占款数量，这种情况一直持续到 2010 年。2008 年金融危机之后，新增外汇占款下降，减小了货币当局货币冲销的压力，2011 年之后，央行票据发行量和发行余额均出现快速下降，并少于当年新增外汇占款规模。

中国人民银行不仅通过调整央行票据的发行规模，以对冲外汇资产的增长，同时还根据对冲力度的需要调整央行票据的发行期限和发行方式。2003年4月，中央银行开始发行央行票据时，仅发行了3个月、6个月和1年期的短期央行票据。到了2005年，在外汇占款持续大量增加的情况下，为了加强流动性管理，货币当局开始调整央行票据的发行期限结构。2005年第一季度，货币当局发行的央行票据以1年期和3年期为主力品种，改变了央行票据的短期债券性质。2006年第二季度，针对商业银行信贷规模快速增长的情况，中国人民银行在保持发行央行票据力度的同时，调整了央行票据的市场化发行方式，开始对部分流动性过度宽松和贷款增长过快的金融机构定向发行央行票据。2006年上半年，中国人民银行共定向发行1年期央行票据2000亿元。2007年，针对银行体系流动性总体宽松的情况，中国人民银行加大央行票据发行力度，并延长央行票据期限。为缓解央行票据集中到期投放流动性的压力，中国人民银行于2007年1月底重启3年期央行票据，与1年期和3个月期央行票据相互配合，以收回银行体系多余流动性。同时，货币当局加大了定向发行的力度，2007年，中国人民银行针对流动性相对充裕的一级交易商定向发行3年期央行票据共5550亿元。

二、法定存款准备金率的调整

2000年之后，尤其是2001年底中国入世以来，我国长期实现经常账户和资本账户双顺差，国际收支严重失衡，货币当局通过外汇占款渠道被动投放了大量基础货币，导致市场存在大量的流动性过剩。如何对冲过剩的流动性成为货币政策操作面临的主要问题，2002年之后法定存款准备金率已经演变为中央银行管理市场流动性重要工具，其调整频率大大提高。2006年开始，法定存款准备金率的调整变得更加频繁，2006年共上调法定存款准备金率3次，由7.5%上调到9.5%。2007年共上调法定存款准备金率10次，由9.5%上调至14.5%，每次调整幅度为0.5个百分点。2008年共调整法定存款准备金率9次，其中上半年连续5次上调,由14.5%上调到17.5%,下半年受金融危机的影响,连续4次下调,由17.5%调到平均值15%。同时,从2008年9月份开始市场差别存款准备金率制度,中央银行针对大型和中小型金融机构实行不同的法定存款准备金率,对大型金融机构要求的存款准备金率高于中小金融机构。这是因为外汇结售汇主要集中在大型金融机构,其流动性过剩问题更为严重,需要加大对其流动性的调控力度。在国内固定资产投资过快增长、房价节节攀高和通货膨胀水平上升的压力下,2010年开始,中央银行再次启动上调法定存款准备金率程序。2010年上半年3次上调大型金融机构法定存款准备金率,中小金融机构存款准备金率不变。2010年下半年3次上调全部金融机构法定存款准备金率,大型和中小型金融机构调整幅度均为0.5个百分点。2011年上半年6次上调全部金融机构法定存款准备金率,大型和中小型金融机构调整幅度均为0.5个百分点。2011年下半年受欧债危机等世界经济不稳定因素影响,中国人民银行决定下调法定存款准备金率。2011年11月,全部金融机构法定存款准备金率下调0.5个百分点。2012年上半年2次下调全部金融机构法定存款准备金率,每次调低0.5个百分点。2014年,中国人民银行的货币政策操作更注重结构性微调和有针对性的定向调整,以改变"大水漫灌式"的调节方式。总体来看,1984年我国法定存款准备金制度建立以来,截至2014年6月共调整法定存款准备金率47次。其中,1984~1999年共调整6次,2003~2006年共调整5次,2007~2011年共调整32次,2012~2014年上半年共调整4次。可见,法定存款准备金率已经演变成为中央银行调节货币供给和市场流动性的常用操作工具,在流动性过剩或世界经济形势动荡的市场环境下调整次数十分频繁。2002~2014年6月法定存款准备金率变化如图4-9所示。

图 4-9 法定存款准备金率调整与变化

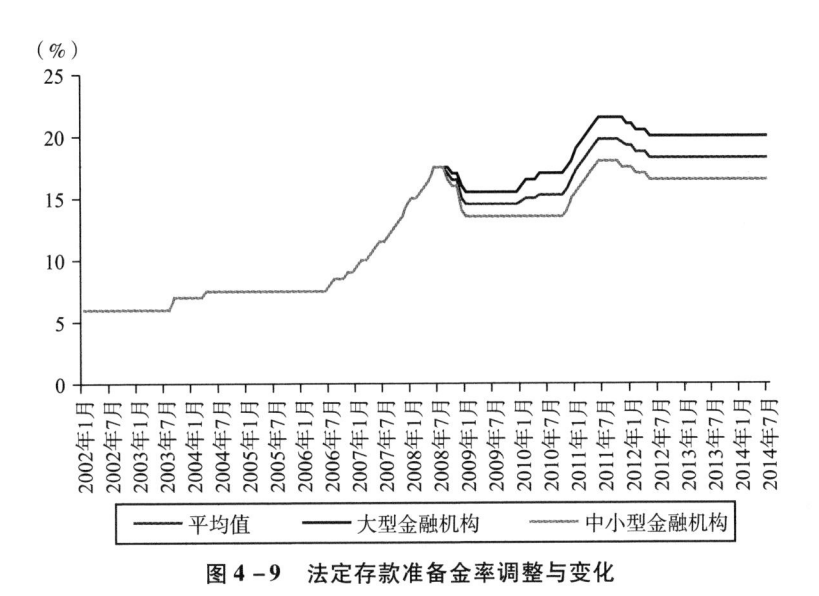

图 4-9 中显示了法定存款准备金率分别在 2008 年和 2011 年达到两个高峰值，在 2007~2008 年和 2010~2011 年经历了两个快速上升的时期。既然法定存款准备金率是中央银行用来对冲外汇占款增长导致的流动性过剩问题的重要工具，那么法定存款准备金率的变化趋势受到外汇占款增长趋势的影响。2002 年之后，外汇资产净流入规模持续扩张，虽然中央银行通过发行央行票据进行了对冲，但央行票据发行量的不断增加使票据的发行成本和利息偿付压力上升，大量票据到期兑付也削弱了央行票据的对冲效率。外汇储备规模快速积累和央行货币冲销空间的减小，促使基础货币发行量快速增加，为了控制货币乘数，存款准备金率调整成为重要的货币政策工具。新增外汇占款也分别在 2008 年和 2011 年达到两个高峰值。2008 年，金融机构新增外汇占款达到 4 万亿元，外汇占款余额达到 16.8 万亿元。2011 年，金融机构新增外汇占款接近 3 万亿元，外汇占款余额达到 25.4 万亿元。外汇资产的不断积累迫使法定存款准备金率不断上调，如图 4-10 所示。

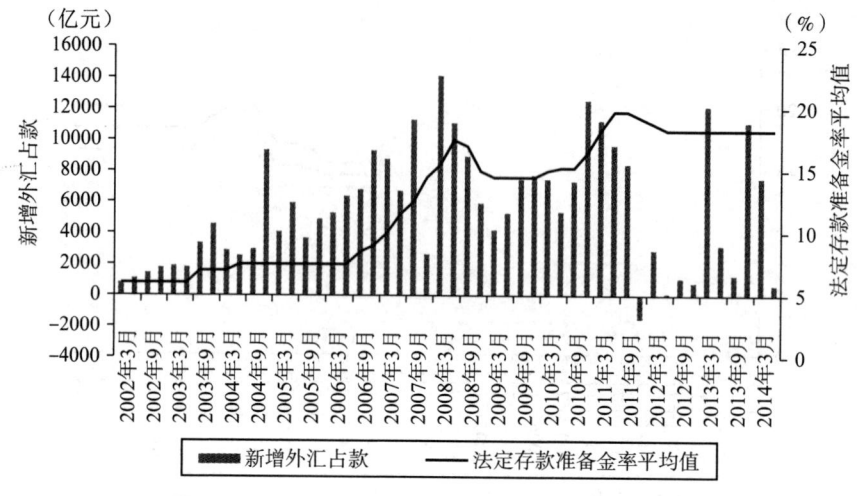

图 4－10　新增外汇占款与法定存款准备金率走势

第三节　中国货币政策框架与货币供给

一、现行的货币政策框架

一国货币政策框架通常包括的内容通常涉及货币政策的最终目标、货币政策中介目标、货币政策操作目标、货币政策操作工具和贯穿其中的货币政策传导机制。

（一）货币政策最终目标

货币政策最终目标一般涉及经济增长、物价稳定、充分就业和国际收支平衡。在货币政策操作中，这些目标很难同时实现。自1984年建立中央银行制度以来，中国学术界针对货币政策最终目标选取曾展开激烈争论，争论的焦点集中在：是采用多重目标制，还是采用单一目标制。若选择后者，是以稳定币值，还是以经济增长为主。争论的结果是：中国货币政策最终目标遵循单一目标制，即《中华人民共和国中国人民银行法》对中国货币政策最终目标的表述：保持货币币值的稳定，并以此促进经济增长。保持货币币值稳定，即维持本币市场的币值稳定和外汇市场名义汇率的稳定。改革开放以来，中国已经由内向型经济转变为外向型经济，对外需的依赖增强，进出口贸易总额快速增长。外汇占款已经成为中央银行投放基础货币的重要渠道，维持汇率稳定成为中国货币政策目标的重要组成部分。

（二）货币政策中介目标

基于凯恩斯主义和货币主义等理论学说，货币政策中介目标先后被选定为利率与货币供给量。20世纪90年代以后，在金融创新盛行和国际资金频繁流动的背景下，通货膨胀率更多地成为货币政策盯住的唯一目标，美国则依据"泰勒规则"将实际利率作为美联储货币政策的中介目标。

1984~1998年，中国货币政策中介目标以信贷规模为主，1998年之后改为以货币供应量为主。目前中国货币政策中介目标仍然是以货币供应量（一般用M2表示）为主导。随着利率市场化改革的深入，外汇市场汇率和货币市场利率也成为中央银行观测的指标。

（三）货币政策操作目标

货币政策操作目标介于政策工具和中介目标之间。1998年之前，中国实行的是以信贷规模为中介目标的直接调控的货币政策，操作目标是信贷规模限额。1998年之后，货币政策中介目标转变为货币供应量，操作目标转变为基础货币和信贷规模。中央银行无法直接控制货币供应量，但可以控制基础货币和影响货币乘数的金融机构信贷规模。因此，基础货币和金融机构贷款规模成为货币政策的操作目标。

（四）货币政策操作工具

货币政策工具一般包括公开市场操作、法定存款准备金率、法定利率、信贷政策、窗口指导等。1997年之前中国货币政策工具中最主要的是贷款规模指令性计划。1998年之后主要以公开市场操作、存款准备金率、法定利率为主，以信贷政策和窗口指导等为辅。

公开市场操作是指中央银行通过与指定交易商进行有价证券和外汇交易吞吐基础货币，调节货币供应量的活动。公开市场业务具有主动性、灵活性和时效性等特点，可以经常、连续地操作，必要时还可以逆向操作，不会给整个金融市场带来大的波动，已成为多数发达国家中央银行使用的主要货币政策工具。我国公开市场操作包括人民币操作和外汇操作两部分，其中人民币市场债券交易主要包括回购交易、现券交易和发行央行票据，外汇市场主要是为了保持汇率稳定而买卖外汇。

法定存款准备金率是指中央银行对金融机构要求的存款准备金占金融机构存款总额的比率。中央银行通过对法定存款准备金率进行调整，能够调节金融机构的信贷规模和派生存款的能力，从而间接调控货币供给。存款准备金具有"深度冻结"流动性的功能，调整存款准备金率来控制货币供应量效果非常明显，但也由于其威力较大，不适合于货币政策微调。但中国由于国际收支严重失衡，中央银行通过外汇占款大量投放基础货币，造成银行体系累积性流动性过剩。如何对冲严重过剩的流动性成为目前中国货币政策面临的主要问题。调整存款准备金率不仅能够有效控制流动性，而且可以减轻央行票据发行压力，给公开市场操作带来更大空间。因此，存款准备金率成为目前中国货币政策的重要工具。

法定利率是指中央银行或金融管理当局规定的利率，与市场利率相对。货币当局通过对法定利率的调整，可以影响货币供求和市场利率，对宏观经济进行调节。中国的利率体系按资金借贷性质可分为中央银行利率、存贷款利率与金融市场利率三类。其中前两者属于法定利率，而金融市场利率属于市场化利率。中央银行利率主要包括再贴现和再贷款利率、法定准备金存款利率、超额准备金存款利率和公开市场操作利率。这些利率当中除了公开市场操作利率由中央银行以市场方式确定外，其他都由中央银行设定。存贷款利率的操作方式是由中央银行确定一个法定存贷款利率，允许金融机构在此基准利率上下一定浮动范围内调整。

窗口指导主要针对商业银行的信贷行为，因此也是一种信贷政策工具。中央银行向金融机构解释说明相关政策意图，提出指导性意见，引导商业银行积极配合国家的区域经济发展、产业发展等政策，优化信贷结构，鼓励商业银行发挥信贷的"扶弱"功能，加强对"三农"、助学贷款、中小企业、贫困地区、民族地区等的信贷支持等。信贷政策的窗口指导主要体现了中央银行对货币流动方向和经济结构上的调控。

(五) 货币政策传导机制

一般来说，货币政策主要通过数量变量（货币供应量）和价格变量（市场利率）两种途径向实体经济进行传导。传递效果主要取决于一国市场经济和金融市场的发达和完善程度。由于我国利率市场化程度较低，货币政策的传导主要依赖数量变量途径。同时中央银行也将货币市场利率和外汇市场汇率作为观测目标，维持其稳定运行。概括来说，我国货币政策传导机制就是中央银行通过公开市场操作、调整法定存款准备金率、中央银行利率、金融机构存贷款法定利率、信贷政策等货币政策工具的操作来影响基础货币和信贷规模，进而影响货币供给量，并通过消费、投资、物价和产出最终影响货币币值和经济增长，如图4–11所示。

苏亮瑜（2008）[①] 的实证研究也论证了中国货币政策以数量变量为主要传导机制的事实。其研究中的脉冲分析显示经济增长和物价水平对信贷规模变化的反应比货币供应量的变化快，信贷渠道对经济运行作用突出。而实际利率扰动对最终目标的作用方向和大小具有不确定性。从反馈信息来看，货币供应量对经济增长率的扰动响应具有更为清晰的信号作用。而实际利率生成始终依赖物价水平的传导，存在信息传递失真的问题。文章得出结论认为在中国货币政策传导机制中，数量变量占据更为主要的地位，现阶段和未来一段时间内，货币供应量仍适合扮演货币政策中介目标的角色。

---

① 苏亮瑜. 中国货币政策传导机制及盯住目标选择 [J]. 金融研究，2008 (5)：25 – 33.

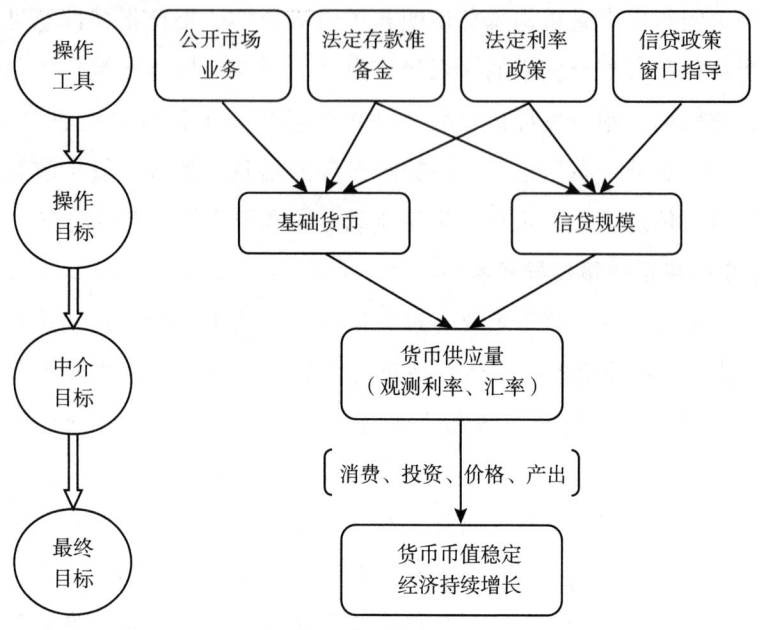

图 4-11 中国货币政策目标体系与传导机制

二、货币供给

(一) 基础货币供给

1. 基础货币的供给渠道

基础货币的供给渠道可以通过分析中央银行资产负债表获得。中国人民银行资产负债表的资产方主要包括以下六项：第一，国外资产 (foreign assets)，即中国人民银行控制的以人民币计值的国家外汇储备、货币黄金以及在国际金融机构的头寸和以外汇缴存的人民币存款准备金。第二，对政府债权 (claims on government)，是指中国人民银行持有的政府债券。第三，对其他存款性公司债权 (claims on other depository corporations)[①]，是指中国人民银行对其他存款性公司发放的贷款、再贴

---

① 其他存款性公司包括四大国有商业银行、股份制商业银行、合作金融机构 (城市信用社、农村信用社、农村合作银行)、中国邮政储蓄银行和财务公司。

现、持有的其他存款性公司发行的金融债券以及从其他存款性公司买入的返售证券等。第四，对其他金融性公司债权（claims on other financial corporations）①，即中国人民银行对其他金融性公司发放的贷款、办理的再贴现以及持有的其他金融性公司发行的债券等。第五，对非金融性公司债权（claims on non-financial corporations），即中国人民银行为支持老、少、边、穷地区发展而发放的专项贷款等。第六，其他资产（other assets），指在表中未作分类的资产。

中国人民银行资产负债表的负债方主要包括以下六项：第一，储备货币（reserve money），包括中国人民银行发行的货币和金融机构在中国人民银行的准备金存款。第二，发行债券（bond issue），即中国人民银行发行的债券。第三，国外负债（foreign liabilities），指以人民币计值的中国人民银行对非居民的负债，主要包括国际金融机构在中国人民银行的存款等。第四，政府存款（government deposits），指各级政府在中国人民银行的财政性存款。第五，自有资金（self-owned funds），指中国人民银行信贷基金。第六，其他负债（other liabilities），在本表中未作分类的负债。中国人民银行资产负债表主要项目如表4-2所示。

表4-2　　　　　　　中国人民银行资产负债表主要项目

资产	负债
国外资产（FA）	储备货币（RM，基础货币）
外汇（外汇占款）	货币发行
货币黄金	金融机构存款
其他国外资产	非金融性公司存款
对政府债权（COG）	发行债券（BI）

---

① 其他金融性公司包括保险公司和养老基金（信托年金）、信托投资公司、金融租赁公司、金融资产管理公司、汽车金融服务公司、金融担保公司、证券公司、投资基金、证券交易所和其他金融辅助机构。

续表

资产	负债
对其他存款性公司债权（COD）	国外负债（FL）
对其他金融性公司债权（COF）	政府存款（GD）
对非金融性公司债权（CONF）	自有资金（SF）
其他资产（OA）	其他负债（OL）

资料来源：中国人民银行网站。

根据资产等于负债恒等式，如果储备货币以外的中央银行负债保持不变，中央银行资产项目的增加将引起基础货币的增加；如果中央银行资产保持不变，储备货币以外的中央银行负债的增加将引起基础货币的减少。对非金融性公司的债权主要指中央银行针对某些特殊对象直接发放的贷款，这些贷款数额较小，对基础货币的影响也较小。本书在分析基础货币的供给来源时忽略"对非金融性公司的债权"和"其他资产"这两项资产的影响。

2. 基础货币供给渠道的历史演变

（1）1986～1993年。我国在1994年外汇体制改革之前，中央银行对四大专业银行的贷款，即再贷款，一直是基础货币发行的主渠道，其中多数是政策性再贷款，中央银行在这一时期承担了部分财政融资功能，如表4-3所示。

表4-3　　　　　　　　1986～1993年基础货币主要供给来源与占比

年份	基础货币增量（亿元）	外汇占款 增量（亿元）	外汇占款 占比（%）	央行再贷款 增量（亿元）	央行再贷款 占比（%）	央行持有国债 增量（亿元）	央行持有国债 占比（%）
1986	542	-55	—	557	103	95	18
1987	396	94	24	177	45	145	37
1988	883	26	3	693	78	62	7

续表

年份	基础货币增量（亿元）	外汇占款 增量（亿元）	外汇占款 占比（%）	央行再贷款 增量（亿元）	央行再贷款 占比（%）	央行持有国债 增量（亿元）	央行持有国债 占比（%）
1989	863	106	12	898	104	108	13
1990	1475	339	23	963	65	117	8
1991	1858	629	34	887	48	267	14
1992	1462	-126	—	1074	73	173	12
1993	3430	330	10	3028	88	342	10

资料来源：范建军．我国货币政策调控体系：一个新的分析框架［J］．发展研究，2011（3）：55．

（2）1994～1997年。1994年汇率并轨之前，外汇占款在基础货币净投放中的占比较低。1994年外汇体制改革之后，国际收支顺差和统一结售汇制度导致大量基础货币通过外汇占款渠道投放，再贷款和外汇占款成为基础货币的两大最主要来源，如表4-4所示。

表4-4　　　　　　　1994～1997年基础货币主要供给来源与占比

年份	基础货币（亿元）	外汇占款 余额（亿元）	外汇占款 占比（%）	对政府债权 余额（亿元）	对政府债权 占比（%）	对其他存款性公司债权 余额（亿元）	对其他存款性公司债权 占比（%）	对其他金融性公司债权 余额（亿元）	对其他金融性公司债权 占比（%）
1994	17218	4263	24.8	1688	9.8	10451	60.7	270	1.6
1995	20760	6511	31.4	1583	7.6	11510	55.4	182	0.9
1996	26889	9330	34.7	1583	5.9	14518	54.0	118	0.4
1997	30633	12649	41.3	1583	5.2	14358	46.9	2072	6.8

资料来源：中国人民银行网站统计数据。

（3）1998～2000年。1998年亚洲金融危机爆发，我国外贸净出口增长明显放慢，国际收支顺差减少，外汇占款对基础货币的影响能力下降。外汇占款在基础货币来源中的占比由1998年的41.8%下降到2000年的40.6%，2001年略有回升，占比达到47.3%。另外，1998年之后，中央决定推进国有银行商业化改革，政策性再贷款增长速度明显下降，中央银行对其他存款性公司债权占基础货币的比重由1998年的41.7%下降到2001年的28.4%。这一时期的基础货币供给来源及其占比，如表4-5所示。

表4-5　　　　1998~2001年基础货币主要供给来源与占比

年份	基础货币（亿元）	外汇占款余额（亿元）	外汇占款占比（%）	对政府债权余额（亿元）	对政府债权占比（%）	对其他存款性公司债权余额（亿元）	对其他存款性公司债权占比（%）	对其他金融性公司债权余额（亿元）	对其他金融性公司债权占比（%）
1998	31335	13088	41.8	1583	5.1	13058	41.7	2963	9.5
1999	33620	14061	41.8	1583	4.7	15374	45.7	3833	11.4
2000	36491	14815	40.6	1583	4.3	13519	37.0	8600	23.6
2001	39852	18850	47.3	2821	7.1	2821	28.4	8547	21.4

资料来源：中国人民银行网站统计数据。

（4）2002年至今。2001年底我国加入WTO，对外贸易环境得到改善，出口大幅上涨，境外制造业向国内转移，外商直接投资大量流入，我国国际收支持续实现双顺差，外汇储备规模急剧增长。2002年之后，外汇占款很快成为我国货币当局投放基础货币的最主要渠道，并一直在我国基础货币供应渠道中占据绝对统治地位。虽然受2008年美国次贷危机的影响，贸易顺差和资本流入有所减少，外汇占款增长速度下降，但是外汇占款仍然是基础货币的最主要来源。2002年外汇占款在基础货币供给来源中的比重为49%，2009年已经高达122%。在受到2008年金融危机影响的情况下，外汇占款在基础货币供给来源中的比重有所下降,从2009年的122%下降到2013年的98%,但这一比例仍然占据绝对的主导地位,如表4-6所示。

表4-6　　　　2002~2013年基础货币主要供给来源与占比

年份	基础货币（亿元）	外汇占款		对政府债权		对其他存款性公司债权		对其他金融性公司债权	
		余额（亿元）	占比（%）	余额（亿元）	占比（%）	余额（亿元）	占比（%）	余额（亿元）	占比（%）
2002	45138	22107	49	2864	6	12288	27	7240	16
2003	52841	29841	56	2901	5	11983	23	7256	14
2004	58856	45940	78	2970	5	10424	18	8865	15
2005	64343	62140	97	2892	4	8168	13	17751	28
2006	77757	84361	108	2856	4	6517	8	21950	28
2007	101545	115168	113	16318	16	7863	8	12972	13
2008	129222	149624	116	16196	13	8432	7	11853	9
2009	143985	175154	122	15662	11	7162	5	11530	8
2010	185311	206766	112	15421	8	9486	5	11326	6
2011	224641	232388	103	15400	7	10248	5	10644	5
2012	252345	236669	94	15314	6	16702	7	10039	4
2013	271023	264270	98	15313	6	13148	5	8907	3

资料来源:中国人民银行网站统计数据。

3. 基础货币供给的"倒逼机制"

如果中央银行仅仅以公开市场操作为货币政策工具,则基础货币只受中央银行控制。但我国中央银行除了公开市场操作之外,还使用其他工具,如再贴现和再贷款机制。当商业银行要求再贴现或再贷款时,中央银行将被迫投放基础货币,基础货币就不再仅仅由中央银行决定。在再贴现和再贷款机制条件下,商业银行的行为将对中央银行的基础货币供给产生影响,货币供给过程便具有了"倒逼机制"的内生性。这种

"倒逼机制"主要体现在1998年之前的货币供给中。在这一时期，我国实行信贷额度计划管理，商业银行的信贷额度主要由各省、市上报的投资项目计划额度决定，各地方政府和国有企业普遍具有加大投资的冲动，投资计划经常会在制定和执行过程中膨胀，结果导致商业银行信贷资金过量增长。当商业银行的存款准备金不足以支撑信贷规模的过度扩张时，中央银行将为其提供更多的再贷款，导致基础货币超量发行。1998年我国取消指令性信贷计划，商业银行开始拥有较多的自主经营权，并尝试实行资产负债比例管理，投资计划对基础货币发行的"倒逼机制"被有效遏制。

另外，我国中央银行为维持汇率稳定，大量买入外汇市场中"过剩"的外汇，统一结售汇制度为基础货币发行提供了另外一种"倒逼机制"的可能。这种"倒逼机制"主要体现在2001年之后的货币供给过程中。我国加入WTO之后，国际收支盈余大幅增长，外汇储备增长通过外汇占款倒逼基础货币发行的大规模性和长期持续性，导致货币当局的冲销措施难度加大。虽然货币当局为了对冲外汇占款带来的基础货币投放效应而不断加大发行央行票据的力度，但仍然避免不了基础货币的过快增长。

4. 基础货币增长与波动趋势

从基础货币存量来看，2002年以来，基础货币供给持续增长，2006年之后增长速度加快。在2008年和2011年两个通货膨胀水平较高的时期，基础货币供给量有所下降，但这种波动持续的时间都很短，很快恢复增长。基础货币由中央银行发行的货币和金融机构在中央银行的存款准备金构成。基础货币的增长和波动趋势主要由存款准备金的增长和波动造成，中央银行的货币发行增长缓慢且十分平稳，波动性很小。如图4-12所示。

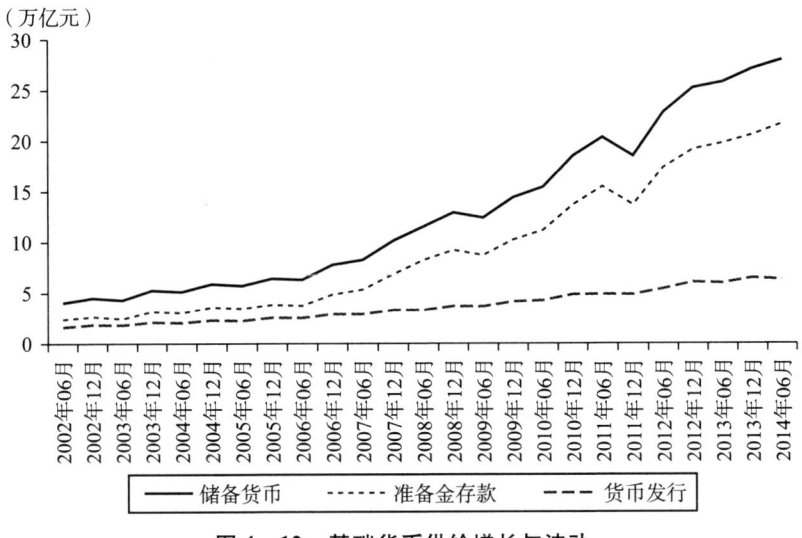

图 4-12 基础货币供给增长与波动

从基础货币供给增量来看，2001~2008年，每年新增基础货币持续增长，2005年之后增长速度明显加快。从基础货币供给来源上看，这种持续和快速增长主要是由外汇占款的持续大规模上升造成的。受2008年金融危机的影响，新增外汇流入量在震荡中下行，导致新增基础货币出现同方向的波动。2009~2013年期间，仅2010年新增基础货币较上年有所增长，其他年份新增基础货币较上年都呈下降趋势。2003年，新增外汇占款开始超过新增基础货币，这种趋势一直持续到2009年。新增外汇和新增基础货币之间的差额为中央银行的货币冲销额。但2009年之后，新增基础货币超过新增外汇占款，这主要是由于受金融危机的影响，新增外汇规模下降，中央银行不再继续进行货币冲销。随着之前央行票据到期的基础货币投放效应，新增基础货币从而高于新增外汇。如图4-13所示。

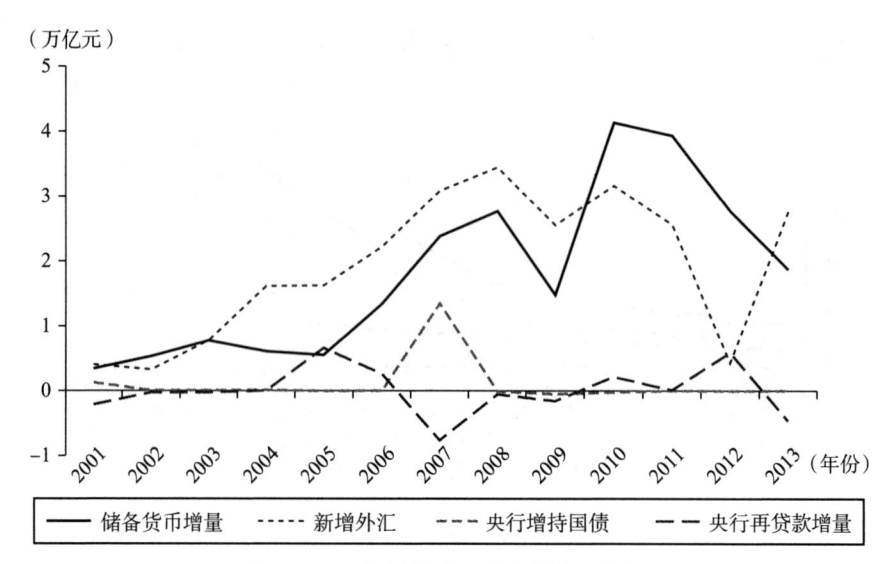

图 4-13 新增基础货币及其主要来源

（二）信贷规模与派生货币供给

发放贷款是商业银行发行派生货币的主要途径。商业银行与企业或个人签订贷款合同，企业或个人会将该笔贷款存入商业银行，并获得商业银行签发的和贷款数量相等的存款凭证，这个存款凭证就是商业银行在贷款过程中所发行的货币。商业银行将在派生存款的基础之上进行下一轮贷款，如此循环反复，从而实现货币扩张的效果。中央银行通常通过调整法定存款准备金率来控制商业银行的信贷规模，从而实现控制货币供应量的政策目标。如果政府能够对信贷规模进行有效的调节，货币供应量就能得到有效控制。如果政府无法对信贷规模进行有效调节，就会引起货币供应量失控，不利于经济稳健运行。

1. 信贷供给内生性特征的历史演变

（1）1984~1995年的"银行信贷刚性"。在当时的体制环境下，国有企业在维持就业和社会稳定方面扮演重要角色，因此受到各级行政力量的支持。为了维持国有企业的持续经营，避免其破产，银行需要为企业提供信贷资金支持，而不管企业的经营状况和信誉状况如何，银行都需要满足其信贷需求。另外，这一时期属于短缺经济，需求大于供给，社会长期处于投资饥渴状态，对银行信贷需求量大。在信贷刚性条件下，银行信贷规模不断扩张，但国有银行体制不必担心由于信贷资金的过度投放而带来的破产风险，因为其支付瓶颈最终可以通过中央银行的再贷款解决。这一时期的银行信贷增长速度较快，1991~1995 年的银行信贷同比增长率平均值为 28.5%，其中，1994 年银行信贷同比增长了 40.6%，如表 4-7 所示。

表 4-7　　　　　　　　1990~1995 年银行信贷增长情况

项目	1990 年	1991 年	1992 年	1993 年	1994 年	1995 年
银行信贷规模（万亿元）	1.5	1.8	2.3	2.8	4.0	5.1
同比增长速度（%）	—	20.2	33.6	21.9	40.6	26.4
法定存款准备金率（%）	13	13	13	13	13	13

资料来源：中经网统计数据库。

（2）1996~2000 年的"金融危机时代信贷扩张受阻"。这一时期的商业银行贷款中呆账坏账不断积累，不良贷款占信贷总额的比例较高，加上银行和企业的软约束正逐步向硬约束转换，银行商业化程度提高，由吃中央银行"大锅饭"转变为自负盈亏，这些因素导致商业银行普遍出现慎贷和惜贷现象。1998 年亚洲金融危机爆发，加上受当时社会保障制度等一系列制度改革的影响，居民预期未来收入下降，未来支出增加，从而导致现期消费水平下降和储蓄率的上升。企业对市场前景和投资收益率普遍看淡，投资需求下降。1995 年，全社会固定资产投资同比增长 15.7%，而 1997 年和 1999 年，固定资产投资同比增长速度分别下降到了 8.8% 和 5.1%，创造了 1992 年以来的最低水平。在这样的背景下，中央银行多次下调法定存款准备金率，以刺激信贷增长，促进消费和投资。1996 年底商业银行法定存款准备金率为 13%，2000 年底下调到 6%。但是中央银行的扩张性货币政策未能有效刺激经济增长，消费和投资增长乏力，通货紧缩现象严重，市场陷入"流动性陷阱"，信贷扩张传导受阻。1996～2000年银行信贷同比增长速度持续下滑，年平均增长率为14.7%，比1991～1995年平均增长率下降了一半。其中，2000年的新增贷款最少，只有5636亿元，仅比上年增长6%，如表4－8所示。

表4－8　　　　　　　　1996～2000年银行信贷增长情况

项目	1996年	1997年	1998年	1999年	2000年
银行信贷规模（万亿元）	6.1	7.5	8.7	9.4	9.9
同比增长速度（%）	21.0	22.5	15.5	8.3	6.0
法定存款准备金率（%）	13	13	8	6	6

资料来源：中经网统计数据库。

（3）2001～2008年的"信贷在受控中稳定增长"。2001年底中国加入世界贸易组织以后，伴随着对外贸易增长和外商直接投资的不断流入，我国长期维持经常项目和资本账户双顺差，外汇储备不断积累。1994～2008年，我国长期实行强制结售汇制度，外汇储备的积累通过外汇占款形成了基础货币的投放效应。虽然中央银行被迫发行央行票据对基础货币投放进行冲销，但基础货币增长速度仍然过快。在基础货币增长迅猛的情况下，中央银行通过上调法定存款准备金率以削弱商业银行派生货币的能力，从而控制货币总供给。2001年底金融机构法定存款准备金率为6%，经过20次的连续上调，2008年6月大型和中小型金融机构法定存款准备金率平均值已经高达17.5%。

但是由于中国具有充足和廉价的劳动力，在国际分工中体现出劳动密集型竞争优势，外商直接投资大量流入，加工制造业发展速度加快，提高了中国的就业水平，许多农村劳动力进城务工，形成中国特有的打工潮。伴随着净出口的持续增长，贸易顺差提高了国内居民的收入水平和消费能力，市场前景一片大好，企业投资热情高涨。旺盛的消费和投资需求推动了信贷需求的上升，即使中央银行不断提高法定存款准备金率，金融机构信贷规模仍然保持稳定增长。2001～2008年，金融机构各项贷款余额同比增长率稳定在15%左右，没有明显的上升或下降趋势，如表4-9所示。

表4-9　　　　　　　　2001～2008年银行信贷增长情况

项目	2001年	2002年	2003年	2004年	2005年	2006年	2007年	2008年
银行信贷规模（万亿元）	11.2	13.1	15.9	17.7	19.5	22.5	26.2	30.3
同比增长速度（%）	13.0	16.9	21.1	11.6	9.8	15.7	16.2	15.9
法定存款准备金率（%）	6	6	7	7.5	7.5	9	14.5	15

资料来源：中经网统计数据库。

（4）2009～2014年的"金融危机时代信贷顺利扩张"。1998年亚洲金融危机时期，货币当局的扩张性货币政策传导受阻，通货紧缩现象持续。2008年美国次贷危机在全球范围内蔓延，我国出口和国内经济也受到影响。2008年下半年，货币政策由紧缩转向宽松。2008年9月开始，央行4次下调存款准备金率，大型金融机构存款准备金率从9月的17.5%下调到12月的15.5%，中小型金融机构存款准备金率从9月的16.5%下调到12月的13.5%。与1998年亚洲金融危机时期货币当局的扩张性货币政策传导受阻现象不同，2008下半年实施的扩张性货币政策效果十分显著。2009年金融机构信贷规模呈现出爆发式增长，2009年金融机构各项贷款规模同比增长速度是2008年增速的2倍。为了遏制国内信贷和投资过快增长，以及物价水平的不断上升，货币当局被迫调整货币政策方向，政策目标重心转向治理通货膨胀。中央银行2010年全年6次上调存款准备金率，并通过窗口指导等手段控制信贷规模，以控制货币总供给的增长速度。2010年之后的几年内，国内投资热情有增无减，信贷需求居高不下，难以获得银行贷款成为中小企业普遍面临的困境，导致民间借贷十分盛行。2009年新增金融机构各项贷款10万亿元，同比增长32%，2010年新增金融机构各项贷款8万亿元，同比增长20%。2011~2014年金融机构信贷增长速度稳定在14%左右，如表4-10所示。

表4-10　　　　　　　　2009~2014年银行信贷增长情况

项目	2009年	2010年	2011年	2012年	2013年	2014年
银行信贷规模（万亿元）	40.0	47.9	54.8	63.0	71.9	81.7
同比增长速度（%）	31.7	19.9	14.3	15.0	14.1	13.6
法定存款准备金率（%）	14.5	16.5	19.25	18.25	18.25	18.25

资料来源：中经网统计数据库。

2. 信贷规模增长趋势及其期限结构的变化

20世纪90年代金融机构新增贷款主要由短期贷款构成。2000年开始，金融机构新增贷款的增长和波动主要由中长期贷款决定。2001~2003年和2009~2010年中长期贷款的快速增加导致金融机构信贷增长幅度高于往年。2004~2005年和2011~2012年中长期贷款增长幅度的下降导致金融机构信贷增长出现较大幅度的向下波动。虽然2011~2012年短期贷款增长幅度较大，但由于其在金融机构贷款中的占比较低，无法扭转金融机构贷款增长幅度的下降趋势。如图4-14所示。

从金融机构各项贷款余额的期限结构来看，2005年之前，短期贷款余额在各项贷款余额中占据大部分比例。但由于中长期贷款的增长速度快于短期贷款，2005年之后，中长期贷款余额超过短期贷款余额，金融机构各项贷款余额的增长开始由中长期贷款主导。1996年中长期贷款余额占各项贷款余额的不到20%，2010年这一比例上升到60.3%，2014年这一比例为56.3%。如图4-15所示。

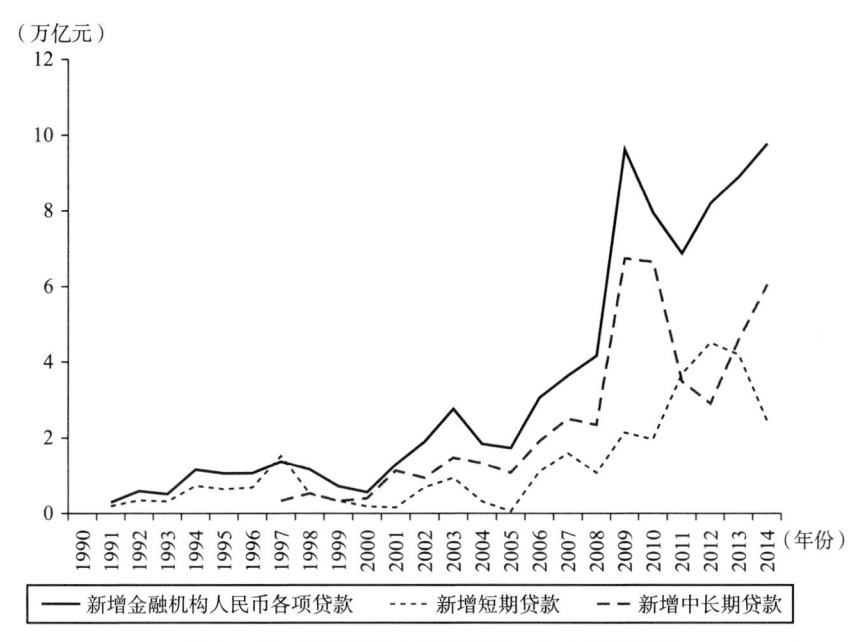

图 4-14 新增贷款中的短期贷款和中长期贷款

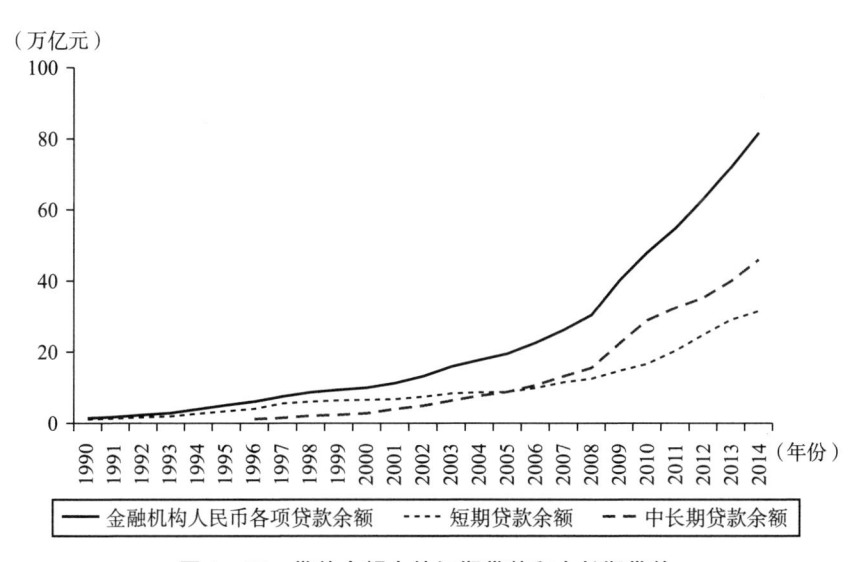

图 4-15 贷款余额中的短期贷款和中长期贷款

中长期贷款增长较快的原因是多方面的,投资率的快速增长是其中一个重要的影响因素。我国消费与投资的比例关系不协调，投资率过高。加上长期以来我国资本市场发展滞后，融资结构以银行间接融资为主，金融机构贷款在企业融资中占据90%左右的比重，企业中长期资金需求绝大部分只能通过金融机构中长期贷款来满足。伴随着投资增长速度的加快，中长期贷款在信贷总额中的占比也不断提高。

第五章

外汇储备对货币供给内生性影响的实证分析

第一节 外汇储备对基础货币内生性的影响

一、变量选取和数据来源

作为我国的中央银行，中国人民银行的资产包括6个部分：国外资产（FA）、对政府债权（COG）、对其他存款性公司债权（COD）、对其他金融性公司债权（COF）、对非金融性公司债权（CONF）、其他资产（OA）。其负债也包括6个部分：储备货币（B）、发行债券（BI）、国外负债（FL）、政府存款（GD）、自有资金（SF）、其他负债（OL）。

根据资产等于负债恒等式原理可以得到：

$$FA + COG + COD + COF + CONF + OA = B + BI + FL + GD + SF + OL \tag{5.1}$$

将式（5.1）移项可得：

$$B = FA + COG + COD + COF + CONF + OA - BI - FL - GD - SF - OL \tag{5.2}$$

我们将资产方的对其他存款性公司债权（COD）、对其他金融性公司债权（COF）、对非金融性公司债权（CONF）3个项目合并，统称为对银行机构债权（COB）。另外，我们使用外汇占款（FE）来代表国外资产（FA）。2002年以来，外汇占款、对政府债权、对银行机构债权、发行债券和政府存款这5个项目构成了基础货币的主要来源。

本书选取外汇占款（FE）、对政府债权（COG）、对银行机构债权（COB）、发行债券（BI）和政府存款（GD）5个项目的样本数据，来考察这5个项目的变动对基础货币（B）及其变化的影响。我们分析外汇占款、对政府债权、对银行机构债权这3项央行资产的增加对基础货币的增加效应，分析发行债券和政府存款这两项负债的增加对基础货币的减少效应。

本书使用的6个变量指标，即基础货币（B）、外汇占款（FE）、对政府债权（COG）、对银行机构债权（COB）、发行债券（BI）和政府存款（GD）均使用月度数据。由于中国人民银行从2002年开始发行央行票据，所以本书使用的样本区间为2002年1月~2014年6月。数据来自中国人民银行网站统计数据。

二、变量的平稳性检验

由于月度数据可能存在季节性波动，首先观察所选的6个变量指标月度数据是否存在季节性周期波动，发现仅有基础货币（B）和政府存款（GD）两个变量的月度数据表现出了季节性波动，我们使用X_{12}方法对其进行了季节调整。

为了避免伪回归，我们首先对基础货币（B）、外汇占款（FE）、对政府债权（COG）、对银行机构债权（COB）、发行债券（BI）和政府存款（GD）6个时间序列进行平稳性检验，使用的方法为ADF（augmented dickey - fuller）单位根检验法，其中滞后阶数由AIC准则确定。检验的顺序为：先选含趋势项和常数项的检验，如果趋势项的T统计量不明显,就再选只含常数项的,如果常数项的 T 统计量不明显,就选择常数项和趋势项均不包括的一项。检验结果如表 5-1 所示。

表 5-1　基础货币及其主要来源时间序列的平稳性检验结果

变量	检验类型	ADF 检验值	临界值（1%）	P 值	平稳性结论
B	(c, 0, 1)	4.2268	-3.4749	1.0000	非平稳
FE	(c, 0, 2)	0.1967	-3.4752	0.9716	非平稳
COG	(0, 0, 4)	-0.1014	-2.5810	0.6471	非平稳
COB	(c, 0, 1)	-2.9326	-3.4749	0.0440	非平稳
BI	(c, t, 1)	-0.1573	-4.0213	0.9934	非平稳
GD	(c, t, 0)	-1.8357	-4.0208	0.6824	非平稳
ΔB	(c, 0, 2)	-4.9739	-3.4755	0.0000	平稳
ΔFE	(c, 0, 1)	-4.1303	-3.4752	0.0012	平稳
ΔCOG	(0, 0, 3)	-3.4992	-2.5810	0.0006	平稳
ΔCOB	(0, 0, 1)	-12.4787	-2.5808	0.0000	平稳
ΔBI	(c, t, 0)	-9.3369	-4.0213	0.0000	平稳
ΔGD	(c, 0, 0)	-12.0972	-3.4749	0.0000	平稳

注：ΔB、ΔFE、ΔCOG、ΔCOB、ΔBI 和 ΔGD 分别为基础货币、外汇占款、对政府债权、对银行机构债权、发行债券和政府存款的一阶差分。

从表 5-1 的平稳性检验结果来看,基础货币（B）、外汇占款（FE）、对政府债权（COG）、对银行机构债权（COB）、发行债券（BI）和政府存款（GD）6 个时间序列本身都是非平稳的,但是它们的一阶差分都是平稳的,说明这 6 个变量都是一阶单位根过程。

三、协整检验

如果序列 $\{X_{1t}, X_{2t}, \cdots, X_{kt}\}$ 都是 d 阶单整,且存在向量 $\alpha = (\alpha_1, \alpha_2, \cdots, \alpha_k)$,使得 $Z_t = \alpha X^T : I(d-b)$,其中,$b > 0$,$X = (X_{1t},$

$X_{2t}, \cdots, X_{kt})^T$,则认为序列 $\{X_{1t}, X_{2t}, \cdots, X_{kt}\}$ 是 (d, b) 阶协整,记为 X_t: CI(d, b),α 为协整向量。对于都具有一阶单位根过程的时间序列,若它们的线性组合为平稳序列,则表示它们具有协整关系,即长期均衡关系。

基础货币(B)、外汇占款(FE)、对政府债权(COG)、对银行机构债权(COB)、发行债券(BI)和政府存款(GD)6个时间序列都是一阶单位根过程,我们首先分析它们之间是否存在长期的协整关系。我们首先使用 Jonansen (1988) 和 Juselius (1990) 提出的向量自回归检验方法(常被称为 Jonansen 协整检验法)进行协整性检验,结果如表5-2所示。

表5-2　　(B、FE、COG、COB、BI、GD)的协整检验结果

假设的协整方程数	特征值	迹统计量	5%的临界值	P值
没有*	0.2949	152.3135	117.7082	0.0001
至少1个*	0.2646	101.2967	88.80380	0.0047
至少2个	0.1652	56.41940	63.87610	0.1807
至少3个	0.0961	30.05212	42.91525	0.4991
至少4个	0.0656	15.29135	25.87211	0.5504
至少5个	0.0361	5.370833	12.51798	0.5440

注:滞后阶数根据 AIC、SC 和 HQ 准则确定。"*"表示在95%的置信水平上拒绝原假设。

协整检验结果显示 B、FE、COG、COB、BI、GD 之间至少存在2个协整方程,说明变量之间存在长期的协整关系。

我们对序列进行协整方程估计,将基础货币(B)作为被解释变量,将外汇占款(FE)、对政府债权(COG)、对银行机构债权(COB)、发行债券(BI)和政府存款(GD)作为解释变量进行普通最小二乘回归,并计算出残差项(ecm_t),结果如式(5.3)和式(5.4)所示。

$$\hat{B}_t = 9466 + 0.9456 FA_t + 0.6465 COG_t$$
$$t = (3.1814)\ (43.5874)\ (3.6917)$$
$$+ 0.7384 COB_t - 1.1222 BI_t - 0.3012 GD_t \quad (5.3)$$
$$(5.3870)\ (-33.4636)\ (-1.8153)$$
$$R^2 = 0.9977 \quad \bar{R}^2 = 0.9976 \quad D.W. = 0.3935$$
$$e\hat{c}m_t = B_t - (9466 + 0.9456 FA_t + 0.6465 COG_t$$
$$+ 0.7384 COB_t - 1.1222 BI_t - 0.3012 GD_t) \quad (5.4)$$

如果长期均衡关系正确，随机扰动项（ecm_t）应是一平稳时间序列。我们使用 ADF 检验法对残差项 ecm_t 进行单位根检验，滞后期为 0，认为残差序列 ecm_t 为平稳序列，说明协整关系成立，与 Jonansen 协整检验结果一致。

四、误差修正模型

上述的协整分析表明 B、FE、COG、COB、BI、GD 之间存在长期的协整关系，符合建立误差修正模型的条件，进一步分析外汇占款（FE）、对政府债权（COG）、对银行机构债权（COB）、发行债券（BI）和政府存款（GD）的变动对基础货币（B）变动的影响。

我们将 FE、COG、COB、BI、GD 的一阶差分 ΔFE、ΔCOG、ΔCOB、ΔBI、ΔGD，连同误差修正项的滞后一期 ecm_{t-1} 当作解释变量，建立短期模型，即误差修正模型，并用 OLS 法估计相应参数，结果如式（5.5）所示。

$$\Delta \hat{B}_t = 707.86 + 0.6518 \Delta FA_t + 0.3707 \Delta COG_t + 0.2510 \Delta COB_t$$
$$t = (2.8333)\ (5.6588)\ \ (1.8338)\ \ \ (3.3972)$$
$$- 0.7694 \Delta BI_t - 0.9836 \Delta GD_t - 0.1437 ecm_{t-1} \quad (5.5)$$
$$(-7.4121)\ (-5.9848)\ \ (-3.4317)$$
$$R^2 = 0.5187 \quad \bar{R}^2 = 0.4983 \quad D.W. = 1.9703$$

在误差修正模型式（5.5）中，误差修正项的系数为 -0.1437，并且在统计上是显著的,说明短期方程对长期方程的误差修正机制为负反馈过程,以 14.37% 的修正速度对下一期 ΔB 的取值产生影响。误差修正项以外的其他各项影响因素回归系数在统计上都很显著,说明基础货币的短期波动受外汇占款、对政府债权、对银行机构债权、发行债券和政府存款短期波动的影响,经过短期误差的修正后,最终实现长期均衡。外汇占款变动对基础货币变动的影响系数 0.6518 明显高于对政府债权的影响系数 0.3707 和对银行机构债权的影响系数 0.2510,说明外汇储备的增加对基础货币增长有显著影响,并且其影响的效果强于其他变量。货币当局发行央行票据和政府存款对基础货币变动的影响方向为负,说明货币当局增发央行票据,政府存款的增加对基础货币的增长具有冲销效应。

第二节 外汇储备对信贷规模内生性的影响

一、变量选取和数据来源

前文的理论分析认为外汇储备可能通过信贷供给和信贷需求两个方面影响信贷规模,其中对信贷供给的影响是通过对商业银行流动性的影响传导的,对信贷需求的影响是通过对固定资产投资的影响传导的。外汇储备对固定资产投资的影响又分别通过贸易顺差、外商直接投资和"热钱"流动对固定资产投资的影响实现。

在检验外汇储备对商业银行流动性和信贷供给的影响时,我们选择外汇占款的对数(lnFA)代表外汇储备规模,用(1-净贷款/总资产),即(准备金+证券资产)/总资产代表商业银行流动性(LIQ),用金融机构各项贷款的对数(lnLOAN)代表信贷供给。

在检验外汇储备对固定资产投资和信贷需求的影响时,我们使用外汇占款的对数（lnFA）表示外汇储备规模，使用当月固定资产投资完成额的对数（lnINVEST）表示固定资产投资规模，使用金融机构各项贷款的对数（lnLOAN）表示信贷需求。

在检验贸易顺差对固定资产投资的影响时，我们使用当月净出口（NEXPORT）表示贸易顺差，使用当月新增固定资产投资（INVEST）表示固定资产投资的增长。在检验外商直接投资对国内投资的挤入挤出效应时，我们使用（FDI）表示外商直接投资，使用（ΔDINVEST）表示新增国内投资，即当月固定资产投资减去当月FDI后的增量。在检验"热钱"流动对股价、房价以及固定资产投资和房地产开发投资的影响时，我们使用短期国际资本流动（SFL）表示"热钱"流动规模，使用上证A股综合指数的环比增长率表示股价的上涨速度（RSP），使用商品房销售价格的同比增长率表示房价的上涨速度（RHP），使用固定资产投资的同比增长率表示固定资产投资的增长速度（RINVEST）、使用房地产开发企业新开工面积的同比增长率表示房地产开发投资的增长速度（RHINV）。

上述指标数据均为月度数据，样本区间为2002年1月～2014年6月。数据来自中国人民银行网站统计数据和中经网统计数据库。

二、变量的平稳性与Granger因果检验

（一）外汇储备对商业银行流动性和信贷供给的影响

我们考察外汇占款（lnFA）、商业银行流动性（LIQ）和信贷供给（lnLOAN）之间是否存在统计上的Granger因果关系，这需要先检验三个变量的平稳性。我们使用ADF（augmented dickey – fuller）单位根检验法对lnFA、LIQ、lnLOAN序列进行平稳性检验，其中滞后阶数由AIC准则确定。检验的顺序为：先选含趋势项和常数项的检验，如果趋势项的T统计量不明显，就再选只含常数项的，如果常数项的T统计量不明显，就选择常数项和趋势项均不包括的一项。检验结果如表5-3所示。

表 5-3 外汇占款、商业银行流动性、信贷供给时间序列的平稳性检验结果

变量	检验类型	ADF 检验值	临界值（1%）	P 值	平稳性结论
lnFA	(0, 0, 2)	4.2268	3.2156	0.9997	非平稳
LIQ	(c, 0, 5)	1.7184	-2.5806	0.9791	非平稳
lnLOAN	(c, t, 2)	-1.8025	-4.0216	0.6987	非平稳
ΔlnFA	(c, t, 0)	-9.5105	-4.0212	0.0000	平稳
ΔLIQ	(c, 0, 1)	-4.1303	-3.4764	0.0012	平稳
ΔlnLOAN	(c, 0, 0)	-9.4613	-3.4748	0.0006	平稳

注：ΔlnFA、ΔLIQ、ΔlnLOAN 分别为外汇占款对数、商业银行流动性和信贷供给对数的一阶差分。

从表 5-3 的平稳性检验结果来看，外汇占款（lnFA）、商业银行流动性（LIQ）和信贷供给（lnLOAN）3 个时间序列本身都是非平稳的，但是它们的一阶差分都是平稳的，说明这 3 个变量都是一阶单位根过程。

如果 2 个一阶单位根过程之间具有协整关系，则可以直接对 2 个变量序列进行 Granger 因果检验，不需要将其变为平稳序列。如果 2 个一阶单位根过程之间不满足协整关系，则需要将其进行一阶差分变为平稳序列后再进行 Granger 因果检验。由于 lnFA、LIQ、lnLOAN 都是一阶单位根过程，我们在进行 Granger 因果检验之前，先对变量两两之间进行协整检验，检验结果如表 5-4 所示。

表 5-4 lnFA、LIQ、lnLOAN 两两之间的 Jonansen 协整检验结果

变量	假设的协整方程数	特征值	迹统计量	5%的临界值	P 值
(lnFA, LIQ)	没有*	0.1064	19.8802	15.4947	0.0102
	至少 1 个	0.0242	3.5590	3.8414	0.0592
(LIQ, lnLOAN)	没有	0.0195	3.4438	15.4947	0.9432
(lnFA, lnLOAN)	没有*	0.1269	21.5710	15.4947	0.0054
	至少 1 个	0.0128	1.8790	3.8414	0.1704

注：滞后阶数根据 AIC、SC 和 HQ 准则确定。"*"表示在 95% 的置信水平上拒绝原假设。

Jonansen 协整检验结果显示外汇占款（lnFA）和商业银行流动性（LIQ）之间至少存在 1 个协整方程，商业银行流动性（LIQ）和信贷供给（lnLOAN）之间不存在协整方程，外汇占款（lnFA）和信贷供给（lnLOAN）之间至少存在 1 个协整方程。说明 lnFA 和 LIQ 之间存在长期的协整关系，lnFA 和 lnLOAN 之间也存在长期的协整关系，但是 LIQ 和 lnLOAN 之间不存在长期的协整关系。

我们对 lnFA 和 LIQ、lnFA 和 lnLOAN 原序列数据进行 Granger 因果关系检验，对 LIQ 和 lnLOAN 进行一阶差分变为平稳序列 ΔLIQ 和 ΔlnLOAN 后再进行 Granger 因果关系检验，检验结果如表 5–5 所示。

表 5–5　　　　　lnFA 和 LIQ 之间的 Granger 因果检验结果

原假设	样本数	滞后期	F 统计量	P 值
lnFA 不是 LIQ 的 Granger 原因	149	1	5.81430	0.0171
LIQ 不是 lnFA 的 Granger 原因	149	1	0.26837	0.6052
lnFA 不是 LIQ 的 Granger 原因	148	2	4.03646	0.0197
LIQ 不是 lnFA 的 Granger 原因	148	2	5.40673	0.0055
lnFA 不是 LIQ 的 Granger 原因	147	3	2.99384	0.0330
LIQ 不是 lnFA 的 Granger 原因	147	3	3.47572	0.0178

如表 5–5 所示，滞后期为 1 时，外汇占款（lnFA）是商业银行流动性（LIQ）的 Granger 原因，商业银行流动性（LIQ）不是外汇占款（lnFA）的 Granger 原因。滞后期为 2 期和 3 期时，外汇占款（lnFA）与商业银行流动性（LIQ）之间存在相互的 Granger 因果关系。即滞后期从 1 期变为 2 期和 3 期时，外汇占款（lnFA）都是商业银行流动性（LIQ）的 Granger 原因，表明这种因果关系较稳定，不会随着滞后期的改变而消失或者骤减。

表 5-6　ΔLIQ 和 ΔlnLOAN 之间的 Granger 因果检验结果

原假设	样本数	滞后期	F 统计量	P 值
ΔLIQ 不是 ΔlnLOAN 的 Granger 原因	149	1	8.32647	0.0045
ΔlnLOAN 不是 ΔLIQ 的 Granger 原因	149	1	13.0809	0.0004
ΔLIQ 不是 ΔlnLOAN 的 Granger 原因	148	2	4.90216	0.0087
ΔlnLOAN 不是 ΔLIQ 的 Granger 原因	148	2	8.22899	0.0004
ΔLIQ 不是 ΔlnLOAN 的 Granger 原因	147	3	7.34933	0.0001
ΔlnLOAN 不是 ΔLIQ 的 Granger 原因	147	3	5.09831	0.0022

如表 5-6 所示，商业银行流动性的变动（ΔLIQ）和信贷供给的变动（ΔlnLOAN）之间存在相互的 Granger 因果关系，当滞后期从 1 期变为 2 期和 3 期时，2 个变量之间的相互影响保持显著，说明商业银行流动性的变动和信贷供给的变动之间存在稳定的相互影响。

表 5-7　lnFA 和 lnLOAN 之间的 Granger 因果检验结果

原假设	样本数	滞后期	F 统计量	P 值
lnFA 不是 lnLOAN 的 Granger 原因	149	1	1.85968	0.1748
lnLOAN 不是 lnFA 的 Granger 原因	149	1	12.7199	0.0005
lnFA 不是 lnLOAN 的 Granger 原因	148	2	2.51220	0.0847
lnLOAN 不是 lnFA 的 Granger 原因	148	2	4.70388	0.0105
lnFA 不是 lnLOAN 的 Granger 原因	147	3	1.45080	0.2307
lnLOAN 不是 lnFA 的 Granger 原因	147	3	1.97631	0.1203

如表 5-7 所示，当滞后期为 1 期时，信贷供给（lnLOAN）是外汇占款（lnFA）的 Granger 原因，但 lnFA 不是 lnLOAN 的 Granger 原因。当滞后期为 2 期时，外汇占款（lnFA）和信贷供给（lnLOAN）之间互为

Granger 因果关系。当滞后期为 3 期时，外汇占款（lnFA）和信贷供给（lnLOAN）之间相互的 Granger 因果关系消失。这表明外汇占款（lnFA）和信贷供给（lnLOAN）之间相互的 Granger 因果关系不稳定。只有在滞后期为 2 期时，外汇占款（lnFA）才是信贷供给（lnLOAN）的 Granger 原因。

(二) 外汇储备对固定资产投资和信贷需求的影响

考察外汇储备对固定资产投资和信贷需求的影响，需要对五组变量进行 Granger 因果关系检验。第一组变量为净出口（NEXPORT）和新增固定资产投资（ΔINVEST）；第二组变量为外商直接投资（FDI）和新增国内投资（ΔDINVEST）（当月固定资产投资减去当月 FDI 后的增量）；第三组变量为短期国际资本流动（SFL）和新增固定资产投资（ΔINVEST）；第四组变量为短期国际资本流动（SFL）、股价增长率（RSP）、房价增长率（RHP）、固定资产投资增长率（RINVEST）和房地产开发企业新开工面积增长率（RHINV）；第五组变量为外汇占款的对数（lnFA）、当月固定资产投资完成额的对数（lnINVEST）和信贷规模的对数（lnLOAN）。

检验这五组变量间的 Granger 因果关系，需要先对各变量进行平稳性检验。上述五组变量中共涉及 11 个不同指标，其中外汇占款的对数（lnFA）和信贷规模的对数（lnLOAN）两个指标变量的平稳性已经在前文中进行了检验，这里只需要检验 9 个指标变量的平稳性。我们使用 ADF（augmented dickey – fuller）单位根检验法对上述变量进行平稳性检验，其中滞后阶数由 AIC 准则确定。检验的顺序为：先选含趋势项和常数项的检验，如果趋势项的 T 统计量不明显，就再选只含常数项的，如果常数项的 T 统计量不明显，就选择常数项和趋势项均不包括的一项。检验结果如表 5 – 8 所示。

表5–8　　　　外汇储备、固定资产投资、信贷需求相关
指标变量的平稳性检验结果

变量	检验类型	ADF检验值	临界值（1%）	结论
NEXPORT（净出口）	(c, t, 0)	-6.667618	-4.020822	平稳
FDI（外商直接投资）	(c, t, 2)	-3.427453	-4.026429	平稳
SFL（短期国际资本流入）	(0, 0, 0)	-7.097963	-2.580574	平稳
ΔINVEST（当月新增固定资产投资）	(c, 0, 2)	-12.20181	-3.475184	平稳
ΔDINVEST（当月新增国内投资）	(c, 0, 2)	-12.32753	-3.475500	平稳
RSP（股价增长率）	(0, 0, 1)	-6.769540	-2.580681	平稳
RHP（房价增长率）	(c, 0, 0)	-6.093251	-3.474567	平稳
RINVEST（固定资产投资增长率）	(c, t, 0)	-11.15619	-4.020822	平稳
RHINV（新开工面积增长率）	(c, 0, 1)	-4.180708	-3.474874	平稳
lnINVEST（当月固定资产投资完成额的对数）	(c, 0, 3)	-1.964951	-3.475500	非平稳
ΔlnINVEST（固定资产投资对数一阶差分）	(c, 0, 0)	-11.99781	-4.022135	平稳

表5–8中的变量序列平稳性检验结果表明，只有当月固定资产投资完成额的对数（lnINVEST）是一阶单位根过程，其他变量都是平稳时间序列，不存在单位根。平稳时间序列之间可以直接进行Granger因果检验，检验结果如表5–9至表5–15所示。

表5–9　　NEXPORT和ΔINVEST之间的Granger因果检验结果

原假设	样本数	滞后期	F统计量	P值
NEXPORT不是ΔINVEST的Granger原因	149	1	6.99564	0.0091
ΔINVEST不是NEXPORT的Granger原因	149	1	3.65849	0.0577
NEXPORT不是ΔINVEST的Granger原因	148	2	2.04645	0.1330
ΔINVEST不是NEXPORT的Granger原因	148	2	3.79945	0.0247
NEXPORT不是ΔINVEST的Granger原因	147	3	3.07082	0.0299
ΔINVEST不是NEXPORT的Granger原因	147	3	4.03769	0.0086

表5-10　　FDI 和 ΔDINVEST 之间的 Granger 因果检验结果

原假设	样本数	滞后期	F 统计量	P 值
FDI 不是 ΔDINVEST 的 Granger 原因	149	1	9.30094	0.0027
ΔDINVEST 不是 FDI 的 Granger 原因	149	1	0.16157	0.6883
FDI 不是 ΔDINVEST 的 Granger 原因	148	2	6.92760	0.0013
ΔDINVEST 不是 FDI 的 Granger 原因	148	2	4.17048	0.0174
FDI 不是 ΔDINVEST 的 Granger 原因	147	3	6.94310	0.0002
ΔDINVEST 不是 FDI 的 Granger 原因	147	3	0.72024	0.5415

表5-11　　SFL 和 RSP 之间的 Granger 因果检验结果

原假设	样本数	滞后期	F 统计量	P 值
SFL 不是 RSP 的 Granger 原因	149	1	0.08539	0.7705
RSP 不是 SFL 的 Granger 原因	149	1	2.13330	0.1463
SFL 不是 RSP 的 Granger 原因	148	2	2.22151	0.1122
RSP 不是 SFL 的 Granger 原因	148	2	1.24109	0.2922
SFL 不是 RSP 的 Granger 原因	147	3	1.81595	0.1470
RSP 不是 SFL 的 Granger 原因	147	3	1.05191	0.3717

表5-12　　SFL 和 RHP 之间的 Granger 因果检验结果

原假设	样本数	滞后期	F 统计量	P 值
SFL 不是 RHP 的 Granger 原因	149	1	0.33157	0.5656
RHP 不是 SFL 的 Granger 原因	149	1	4.38194	0.0381
SFL 不是 RHP 的 Granger 原因	148	2	0.04276	0.9582
RHP 不是 SFL 的 Granger 原因	148	2	2.16913	0.1180
SFL 不是 RHP 的 Granger 原因	147	3	0.40810	0.7474
RHP 不是 SFL 的 Granger 原因	147	3	1.60201	0.1917

表 5–13　RSP 和 RINVEST 之间的 Granger 因果检验结果

原假设	样本数	滞后期	F 统计量	P 值
RSP 不是 RINVEST 的 Granger 原因	149	1	5.14070	0.0248
RINVEST 不是 RSP 的 Granger 原因	149	1	1.4E－07	0.9997
RSP 不是 RINVEST 的 Granger 原因	148	2	2.35044	0.0990
RINVEST 不是 RSP 的 Granger 原因	148	2	0.69323	0.5016
RSP 不是 RINVEST 的 Granger 原因	147	3	1.96128	0.1226
RINVEST 不是 RSP 的 Granger 原因	147	3	0.68678	0.5616

表 5–14　RHP 和 RHINV 之间的 Granger 因果检验结果

原假设	样本数	滞后期	F 统计量	P 值
RHP 不是 RHINV 的 Granger 原因	149	1	6.02032	0.0153
RHINV 不是 RHP 的 Granger 原因	149	1	0.03050	0.8616
RHP 不是 RHINV 的 Granger 原因	148	2	3.88049	0.0228
RHINV 不是 RHP 的 Granger 原因	148	2	0.16610	0.8471
RHP 不是 RHINV 的 Granger 原因	147	3	2.97369	0.0339
RHINV 不是 RHP 的 Granger 原因	147	3	0.28832	0.8338

表 5–15　SFL 和 ΔINVEST 之间的 Granger 因果检验结果

原假设	样本数	滞后期	F 统计量	P 值
SFL 不是 ΔINVEST 的 Granger 原因	149	1	0.79431	0.3743
ΔINVEST 不是 SFL 的 Granger 原因	149	1	0.36690	0.5456
SFL 不是 ΔINVEST 的 Granger 原因	148	2	0.03396	0.9666
ΔINVEST 不是 SFL 的 Granger 原因	148	2	1.41867	0.2454
SFL 不是 ΔINVEST 的 Granger 原因	147	3	0.46543	0.7069
ΔINVEST 不是 SFL 的 Granger 原因	147	3	2.09766	0.1033

如表 5-9 所示，当滞后期从 1 期变为 2 期和 3 期时，净出口（NEXPORT）和新增固定资产投资（ΔINVEST）之间都存在相互的 Granger 因果关系，只是在滞后期为 2 期时，净出口（NEXPORT）对新增固定资产投资（ΔINVEST）的 Granger 影响显著性偏低，P 值为 0.1330，我们仍然认为两个变量之间存在稳定的相互影响。

如表 5-10 所示，当滞后期从 1 期变为 2 期和 3 期时，外商直接投资（FDI）都是新增国内投资（ΔDINVEST）的 Granger 原因。只有滞后期为 2 期时，新增国内投资（ΔDINVEST）才表现为外商直接投资（FDI）的 Granger 原因。当滞后期为 1 期和 3 期时，检验结果只能接受"ΔDINVEST 不是 FDIGranger 原因"的原假设。这表明外商直接投资（FDI）和新增国内投资（ΔDINVEST）之间的因果关系是单向的，即 FDI 是 ΔDINVEST 的稳定且显著的 Granger 原因，反之不成立。

如表 5-11 所示，当滞后期从 1 期变为 2 期和 3 期时，短期国际资本流入（SFL）和股价收益率（RSP）之间都不存在相互或者单向的 Granger 因果关系，表明"热钱"流入并没有对股价上涨产生显著影响，股价上涨也不是吸引"热钱"流入的主要因素。

如表 5-12 所示，当滞后期从 1 期变为 2 期和 3 期时，短期国际资本流入（SFL）都不是房价收益率（RHP）的 Granger 原因。但滞后期为 1 期和 2 期时，房价收益率（RHP）是短期国际资本流入（SFL）的 Granger 原因，虽然滞后期为 2 期时这种因果关系的显著性水平较低。这表明"热钱"流入并没有对房价上涨造成显著影响，但房价上涨是吸引"热钱"流入的重要因素。

如表 5-13 所示，当滞后期从 1 期变为 2 期和 3 期时，股价收益率（RSP）都是固定资产投资增长率（RINVEST）的单向 Granger 原因，但这种因果关系的显著性水平随着滞后期的延长有所下降。反过来，在 1~3 期的滞后期内，RINVEST 都不是 RSP 的 Granger 原因。这表明股价上涨能推动固定资产投资的增长。

如表 5-14 所示，当滞后期从 1 期变为 2 期和 3 期时，房价收益率

(RHP）都是房地产开发企业新开工面积增长率（RHINV）的单向Granger原因，且这种因果关系十分稳定，显著性水平都较高。反过来，在1~3期的滞后期内，RHINV都不是RHP的Granger原因。这表明房价上涨推动了房地产开发投资的增长，反之，房地产开发投资的增长并不存在推动房价上涨的效应。

如表5-15所示，当滞后期从1期变为2期和3期时，短期国际资本流入（SFL）和新增固定资产投资（ΔINVEST）之间不存在相互的或者是单向的Granger原因。说明"热钱"流入对固定资产投资增长没有显著的影响，反之，固定资产投资的增长也不存在吸引"热钱"流入的效应。

由于固定资产投资的对数（lnINVEST）是一阶单位根过程，外汇占款（lnFA）和信贷供给（lnLOAN）也是一阶单位根过程，要检验这3个变量两两之间的Granger因果关系，首先需要检验3个变量两两之间是否协整，检验结果如表5-16所示。

表5-16　　lnFA、lnINVEST、lnLOAN两两之间的Jonansen协整检验结果

变量	假设的协整方程数	特征值	迹统计量	5%的临界值	P值
（lnFA，lnINVEST）	没有*	0.129	20.879	15.495	0.007
	至少1个	0.004	0.713	3.8415	0.398
（lnINVEST，lnLOAN）	没有	0.061	9.224	15.495	0.345
（lnFA，lnLOAN）	没有*	0.126	21.571	15.495	0.005
	至少1个	0.013	1.879	3.841	0.170

注：滞后阶数根据AIC、SC和HQ准则确定。"*"表示在95%的置信水平上拒绝原假设。

表5-16中的Jonansen协整检验结果显示外汇占款（lnFA）和固定资产投资（lnINVEST）之间至少存在1个协整方程，固定资产投资（lnINVEST）之间不存在协整方程，外汇占款（lnFA）和信贷供给（lnLOAN）之间至少存在1个协整方程。说明lnFA和lnINVEST之间存

在长期的协整关系，lnFA 和 lnLOAN 之间也存在长期的协整关系，但是 lnINVEST 和 lnLOAN 之间不存在长期的协整关系。

我们对 lnFA 和 lnINVEST、lnFA 和 lnLOAN 原序列数据进行 Granger 因果关系检验，对 lnINVEST 和 lnLOAN 进行一阶差分变为平稳序列 ΔlnINVEST 和 ΔlnLOAN 后再进行 Granger 因果关系检验，检验结果如表 5-17 所示。

表 5-17　　lnFA 和 lnINVEST 之间的 Granger 因果检验结果

原假设	样本数	滞后期	F 统计量	P 值
lnFA 不是 lnINVEST 的 Granger 原因	149	1	9.31380	0.0027
lnINVEST 不是 lnFA 的 Granger 原因	149	1	3.78663	0.0536
lnFA 不是 lnINVEST 的 Granger 原因	148	2	2.44386	0.0904
lnINVEST 不是 lnFA 的 Granger 原因	148	2	1.74089	0.1791
lnFA 不是 lnINVEST 的 Granger 原因	147	3	1.14768	0.3322
lnINVEST 不是 lnFA 的 Granger 原因	147	3	0.65133	0.5834

如表 5-17 所示，滞后期为 1 期时，外汇占款（lnFA）和固定资产投资（lnINVEST）互为 Granger 因果关系。滞后期为 2 期时，外汇占款（lnFA）是固定资产投资（lnINVEST）的 Granger 原因，但固定资产投资（lnINVEST）不是外汇占款（lnFA）的 Granger 原因。滞后期为 3 期时，外汇占款（lnFA）和固定资产投资（lnINVEST）之间的 Granger 因果关系不存在。即滞后期为 1 期和 2 期时，外汇储备对固定资产投资存在显著影响，滞后期为 3 期时，外汇储备对固定资产投资的影响不显著。

如表 5-18 所示，当滞后期从 1 期变为 2 期和 3 期时，固定资产投资增长率（ΔlnINVEST）都是信贷需求增长率（ΔlnLOAN）的 Granger 原因，但信贷需求增长率（ΔlnLOAN）不是固定资产投资增长率（ΔlnINVEST）的 Granger 原因。即固定资产投资的增长推动了信贷需求和信贷规模的增长，但信贷规模的增长不是推动固定资产投资增长的显著原因。

表 5-18　ΔlnINVEST 和 ΔlnLOAN 之间的 Granger 因果检验结果

原假设	样本数	滞后期	F 统计量	P 值
ΔlnINVEST 不是 ΔlnLOAN 的 Granger 原因	149	1	2.90884	0.0902
ΔlnLOAN 不是 ΔlnINVEST 的 Granger 原因	149	1	0.15304	0.6962
ΔlnINVEST 不是 ΔlnLOAN 的 Granger 原因	148	2	1.93445	0.1483
ΔlnLOAN 不是 ΔlnINVEST 的 Granger 原因	148	2	0.11358	0.8927
ΔlnINVEST 不是 ΔlnLOAN 的 Granger 原因	147	3	2.18740	0.0923
ΔlnLOAN 不是 ΔlnINVEST 的 Granger 原因	147	3	0.29779	0.8269

如表 5-19 所示，当滞后期为 1 期时，信贷需求（lnLOAN）是外汇占款（lnFA）的 Granger 原因，但 lnFA 不是 lnLOAN 的 Granger 原因。当滞后期为 2 期时，外汇占款（lnFA）和信贷需求（lnLOAN）之间互为 Granger 因果关系。当滞后期为 3 期时，外汇占款（lnFA）和信贷需求（lnLOAN）之间相互的 Granger 因果关系消失。这表明外汇占款（lnFA）和信贷需求（lnLOAN）之间相互的 Granger 因果关系不稳定。只有在滞后期为 2 期时，外汇占款（lnFA）才是信贷需求（lnLOAN）的 Granger 原因。

表 5-19　lnFA 和 lnLOAN 之间的 Granger 因果检验结果

原假设	样本数	滞后期	F 统计量	P 值
lnFA 不是 lnLOAN 的 Granger 原因	149	1	1.85968	0.1748
lnLOAN 不是 lnFA 的 Granger 原因	149	1	12.7199	0.0005
lnFA 不是 lnLOAN 的 Granger 原因	148	2	2.51220	0.0847
lnLOAN 不是 lnFA 的 Granger 原因	148	2	4.70388	0.0105
lnFA 不是 lnLOAN 的 Granger 原因	147	3	1.45080	0.2307
lnLOAN 不是 lnFA 的 Granger 原因	147	3	1.97631	0.1203

三、分布滞后模型

前文的 Granger 因果检验分析了外汇储备影响信贷规模的内在机制。首先,外汇占款是商业银行流动性的 Granger 原因,商业银行流动性又是信贷供给的 Granger 原因,即外汇占款的增长通过提高商业银行流动性推动了信贷供给。其次,外汇占款是固定资产投资的 Granger 原因,固定资产投资增长又是信贷需求增长的 Granger 原因,即外汇占款的增长通过拉动固定资产投资的增长提高了信贷需求。

基于 Granger 因果检验中显著性较高的滞后期,我们进一步建立包含解释变量滞后期的分布滞后模型,考察商业银行流动性、固定资产投资和外汇储备对信贷规模的影响。由于外汇储备是商业银行流动性和固定资产投资的 Granger 原因,放在同一个模型中会产生多重共线性问题。因此,我们建立两个分布滞后模型,第一个模型考察商业银行流动性和固定资产投资对信贷规模的影响,第二个模型考察外汇储备规模对信贷规模的影响。

商业银行的信贷规模由信贷需求和信贷供给共同决定。信贷需求和固定资产投资相关度较高,同时受贷款利率的影响。信贷供给除了受到商业银行流动性的影响,还可能受到商业银行吸收存款的规模、资本充足率以及法定存款准备金率水平的影响。

我们选用外汇占款的对数一阶差分($\Delta\ln FA$)表示外汇储备的增长,用金融机构各项贷款余额的对数值一阶差分($\Delta\ln LOAN$)表示信贷规模的增长,用当月固定资产投资完成额的对数一阶差分($\Delta\ln INVEST$)表示固定资产投资的增长,用 3~5 年期金融机构人民币贷款基准利率的变化(ΔR)代表贷款利率的调整。用(1−净贷款/总资产),即(准备金+证券资产)/总资产的一阶差分代表商业银行流动性的变化(ΔLIQ),用金融机构各项存款的对数一阶差分表示存款规模的增长($\Delta\ln DEP$),用商业银行实收资本/总资产(CAP)表示资本充足率,用法定存款准备金率的变化（ΔRR）表示法定存款准备金率水平的调整。我们对上述指标数据进行平稳性检验，发现 8 个指标都是平稳时间序列，不存在单位根过程。

为了考察商业银行流动性变化对信贷供给变化的影响和固定资产投资增长对信贷需求增长的影响，我们以信贷规模的增长率（$\Delta \ln LOAN$）作为因变量，以商业银行流动性水平的变化（ΔLIQ）、固定资产投资的增长率（$\Delta \ln INVEST$）、贷款利率的变化（ΔR）、法定存款准备金率的变化（ΔRR）、存款规模的增长率（$\Delta \ln DEP$）、商业银行资本充足率（CAP），以及各自滞后 1 期、滞后 2 期、滞后 3 期的滞后变量作为自变量，建立第一个分布滞后模型，并使用最小二乘回归（OLS）进行回归分析，去掉回归系数不显著的变量，得到回归结果如式（5.6）所示：

$$\Delta \ln LOAN_t = 0.0084 - 0.4672 \Delta LIQ_t + 0.2017 \Delta LIQ_{t-1} + 0.0153 \Delta \ln INVEST_{t-1}$$
$$(2.9018) \quad (-4.5886) \quad (1.9791) \quad (2.1839)$$
$$- 0.0136 \Delta R_{t-2} - 0.0031 \Delta RR_{t-3} + 0.4625 \Delta \ln DEP_t$$
$$(-2.8014) \quad (-1.4082) \quad (4.5168) \quad (5.6)$$
$$+ 0.2637 \Delta \ln DEP_{t-2} - 0.6765 CAP_t + 0.5084 CAP_{t-1}$$
$$(2.6092) \quad (-2.3140) \quad (1.7337)$$
$$R^2 = 0.4617 \quad \bar{R}^2 = 0.4261 \quad D.W. = 1.8555$$

从回归模型（5.6）的结果可以看出，当期的商业银行流动性变动和信贷规模变动呈负方向关系，因为商业银行持有的流动性资产越高，可用于贷款的资产越少。但是本期的商业银行流动性变动和下一期的信贷规模变动呈正相关关系，即本期商业银行流动性较高，则下一期商业银行提供贷款的能力和意愿会增强。本期的固定资产投资增长率越高，下一期的信贷规模增长越快，这反映了固定资产投资的增长提高了信贷需求。金融机构贷款基准利率的调整在 2 个月之后对信贷增长产生负方向影响，法定存款准备金率的调整在 3 个月之后对信贷增长产生负方向影响。存款规模的增长对当期和 2 个月之后的贷款规模产生正方向影响。当期的商业银行资本充足率和信贷增长呈负相关关系,但是上一期的商业银行资本充足率和本期的信贷增长呈正相关关系。

我们以信贷规模的增长率（$\Delta\ln\text{LOAN}$）作为因变量,以外汇储备增长率（$\Delta\ln\text{FA}$）、贷款利率的变化（ΔR）、法定存款准备金率的变化（ΔRR）、存款规模的增长率（$\Delta\ln\text{DEP}$）、商业银行资本充足率（CAP），以及各自滞后1期、滞后2期、滞后3期的滞后变量作为自变量,建立第二个分布滞后模型,并使用最小二乘回归（OLS）进行回归分析,去掉回归系数不显著的变量,得到回归结果如式（5.7）所示：

$$\Delta\ln\text{LOAN}_t = 0.0094 + 0.1037\Delta\ln\text{FA}_{t-2} - 0.0106\Delta R_{t-2}$$
$$(2.9144) \quad (2.1413) \quad (-2.0498)$$
$$- 0.0055\Delta RR_{t-3} + 0.5823\Delta\ln\text{DEP}_t + 0.2822\Delta\ln\text{DEP}_{t-2}$$
$$(-2.3556) \quad (5.1992) \quad (2.5891) \quad (5.7)$$
$$- 0.6359\text{CAP}_t + 0.3204\text{CAP}_{t-1}$$
$$(-1.9944) \quad (1.0014)$$
$$R^2 = 0.3490 \quad \bar{R}^2 = 0.3160 \quad D.W. = 1.8560$$

从回归模型（5.7）的结果可以看出,将外汇储备规模增长作为解释变量,替换掉商业银行流动性变化和固定资产投资增长2个解释变量后,外汇储备规模增长对信贷规模增长的影响滞后期延长1期。即外汇储备增长率的提高会对2个月之后的信贷增长产生显著的正方向影响。在式（5.6）中,商业银行流动性和固定资产投资的增长都对1个月之后的信贷增长产生正方向影响。这是因为外汇储备增长对信贷规模增长的影响是通过提高商业银行流动性和推动固定资产投资增长来传导的,因此影响时滞更长。其他解释变量对信贷规模增长的影响方向和式（5.6）中的影响方向完全相同,影响系数大小也基本相似。但式（5.7）的拟合效果对比式（5.6）有所下降,这是因为外汇储备增长对信贷规模增长的影响,没有商业银行流动性提高和固定资产投资增长对信贷规模增长的影响那么直接，但是影响依然显著。

第三节　金融危机时代外汇储备对货币供给内生性的影响

金融危机时代，受国际经济和金融环境动荡的影响，国内经济一般会表现出贸易顺差增长速度下降和短期国际资本外流的现象，外汇储备的增长因此有所减缓。理论分析认为，金融危机时代外汇储备增长速度的下降会导致外汇储备对基础货币供给的内生性影响减弱，金融危机时代外汇储备余额的规模大小会影响公众对本国货币的信心和对经济前景的预期，从而影响社会投资水平，并最终影响信贷规模和货币总供给。在本节的实证分析中，我们主要通过对比分析1998年亚洲金融危机时期和2008年美国次贷危机时期我国外汇储备的增长对基础货币供给的影响，以及外汇储备余额规模对投资和信贷行为的影响，来认识金融危机时代外汇储备对我国货币供给的内生性影响机制。

一、两次金融危机时期外汇储备对基础货币供给的影响

金融危机时期，受到外部环境的影响，一国出口贸易和"热钱"流入将会减少，外汇储备的增长速度也有所下降。外汇储备通过外汇占款产生的基础货币投放效应也会减弱。因此，金融危机时代，外汇储备对基础货币供给的内生性影响将会下降。1998年亚洲金融危机和2008年美国次贷危机时期，我国外汇储备增长减缓，新增外汇占款在新增基础货币来源中的占比也大幅度下降，如表5-20和表5-21所示。

表5-20　亚洲金融危机时期外汇储备增长对基础货币供给的影响

年份	国内生产总值（亿元）	GDP增长率（%）	新增外汇占款（亿元）	新增基础货币（亿元）	外汇占比（%）
1996	60794	10.9	2819	6128.7	46.0
1997	71177	10	3319.3	3744.3	88.6
1998	78973	9.3	438.6	702.5	62.4
1999	84402	7.8	973.5	2284.8	42.6
2000	89677	7.6	753.1	2871.3	26.2
2001	99215	8.4	4035.7	3360.3	120.1

表5-21　美国次贷危机时期外汇储备增长对基础货币供给的影响

年份	国内生产总值（亿元）	GDP增长率（%）	新增外汇占款（亿元）	新增基础货币（亿元）	外汇占比（%）
2006	183217	10.4	22220.7	13414.7	165.6
2007	211923	11.1	30807.9	23787.6	129.5
2008	265810	13	34455.6	27676.9	124.5
2009	314045	9	25530.3	14762.7	172.9
2010	340507	8.3	31612.1	41326.1	76.5
2011	401202	10.4	25622	39330.66	65.1

从表5-20可以看出，受亚洲金融危机的影响，我国国内生产总值GDP的增长率从1996年的10.9%持续下降到2000年的7.6%。同时，外汇储备的增长也受到金融危机的影响，增长速度减缓，1997年新增外汇占款3000多亿元，1998年新增外汇占款仅438.6亿元，1999年和2000年新增外汇占款也都低于1000亿元。亚洲金融危机时期外汇储备增长速度的下降导致外汇储备对基础货币供给的内生性影响减弱。新增外汇占款在新增基础货币来源中的占比由1997年的88.6%持续下降到2000年的26.2%。

从表 5-21 可以看出，美国次贷危机对我国经济的影响从 2008 年开始显现，我国国内生产总值 GDP 的增长率从 2008 年的 13% 下降到 2009 年的 9% 和 2010 年的 8.3%。同时，美国次贷危机在全球范围内的蔓延导致外需疲软，国际金融市场资金紧张导致短期国际资本外流，外汇储备的增长受到影响。2008 年新增外汇占款 3.4 万亿元，2009 年新增外汇占款仅 2.5 万亿元，2011 年新增外汇占款也仅为 2.6 万亿元。美国次贷金融危机时期外汇储备增长速度的下降同样也带来外汇储备对基础货币供给内生性影响的减弱。新增外汇占款在新增基础货币来源中的占比由 2007 年的 129.5% 下降到 2010 年的 76.5% 和 2011 年的 65.1%。

二、两次金融危机时期外汇储备对信贷规模和货币总供给的影响

（一）两次金融危机时期的外汇储备余额及其适度性

充足的外汇储备对于稳定市场信心和预期具有重要的作用。1998 年亚洲金融危机时期，我国外汇储备规模处于适度规模下限以上和适度规模上限以下，虽然是适度的，但规模较小。1998 年亚洲金融危机爆发时我国外汇储备余额仅为 1000 多亿美元，没有达到适度规模上限，占适度规模上限的 92%，占当年 GDP 的 15.2%，如表 5-22 所示。

表 5-22　　亚洲金融危机时期的外汇储备规模及其适度性

年份	实际外汇储备余额（亿美元）	外汇储备适度规模下限（亿美元）	外汇储备适度规模上限（亿美元）	实际余额/适度下限	实际余额/适度上限
1996	1050.29	609.67	1289.09	1.72	0.81
1997	1398.9	726.18	1502.94	1.93	0.93
1998	1449.59	754.37	1582.68	1.92	0.92
1999	1546.75	859.16	1729.6	1.80	0.89

续表

年份	实际外汇储备余额（亿美元）	外汇储备适度规模下限（亿美元）	外汇储备适度规模上限（亿美元）	实际余额/适度下限	实际余额/适度上限
2000	1655.74	883.98	1842	1.87	0.90
2001	2121.65	1018.42	2146.19	2.08	0.99

资料来源：外汇储备适度规模上限和下限数据为李劲松（2013）根据外汇储备适度规模计算公式计算得到，实际外汇储备余额数据来自中经网统计数据库。

2008年美国次贷危机时期，我国外汇储备经过十年的快速增长和积累，已经具备较大规模。次贷危机前后的2006~2011年，我国外汇储备余额不仅远高于适度规模下限，而且大幅度高于适度规模上限。2008年底，在我国受到次贷危机的冲击时，外汇储备余额为1.5万亿美元，远远超过外汇储备适度规模上限，是适度规模上限的3倍多，占当年GDP的23.9%，如表5-23所示。

表5-23　　美国次贷危机时期的外汇储备规模及其适度性

年份	实际外汇储备余额（亿美元）	外汇储备适度规模下限（亿美元）	外汇储备适度规模上限（亿美元）	实际余额/适度下限	实际余额/适度上限
2006	8188.72	1915.97	4333.3	5.57	2.46
2007	10663.44	1879.09	4462.97	8.13	3.42
2008	15282.49	2402.99	5851.71	8.10	3.33
2009	19460.3	2681.53	6540.16	8.95	3.67
2010	23991.52	3326.05	8161.01	8.56	3.49
2011	28473.38	4408.63	10729.27	7.22	2.96

资料来源：外汇储备适度规模上限和下限数据为李劲松（2013）根据外汇储备适度规模计算公式计算得到，实际外汇储备余额数据来自中经网统计数据库。

（二）两次金融危机时期的货币政策及其效果

1998年亚洲金融危机和2008年次贷危机对我国经济产生负面冲击后，货币当局都实施了宽松货币政策，以增加货币供给和刺激经济增长。但是，两次金融危机时期，宽松货币政策实施后的效果截然相反。

1998年亚洲金融危机爆发后，中央银行将1年期法定存款基准利率从1997年末的5.67%下调到1998年的3.78%和1999年的2.25%，将1年期法定贷款基准利率从1997年末的8.64%下调到1998年的6.39%和1999年的5.85%，将法定存款准备金率从1997年末的13%下调到1998年的8%和1999年的6%。但是扩张性货币政策实施后，固定资产投资增长率反而下降，1998年固定资产投资完成额同比增长12.3%，但是1999年和2000年的固定资产投资完成额同比增长率仅为6.2%和8.1%。投资增长速度的下降导致金融机构信贷规模增长的减缓，1997~2000年，金融机构各项贷款余额同比增长率分别为22.5%、15.5%、8.3%和6.0%，呈持续下降趋势。不论从固定资产投资的增长还是金融机构信贷规模的增长来看，中央银行实施的宽松货币政策都没有实现预期效果，货币政策传导受阻，如表5-24所示。

表5-24　　　　亚洲金融危机时期的货币政策及其效果　　　　单位：%

年份	1年期存款基准利率	1年期贷款基准利率	法定存款准备金率	固定资产投资增长率	金融机构各项贷款增长率
1996	7.47	10.08	13	19.5	21.0
1997	5.67	8.64	13	8.1	22.5
1998	3.78	6.39	8	12.3	15.5
1999	2.25	5.85	6	6.2	8.3
2000	2.25	5.85	6	8.1	6.0
2001	2.25	5.85	6	14.8	13.0

2008年美国次贷危机爆发后，中央银行将1年期法定存款基准利率

从 2007 年底的 4.14% 下调到 2008 年和 2009 年的 2.25%，将 1 年期法定贷款基准利率从 2007 年底的 7.47% 下调到 2008 年和 2009 年的 5.31%，将法定存款准备金率从 2008 年底的 15% 下调到 2009 年的 14.5%。与 1998 年亚洲金融危机时期不同的是，扩张性货币政策实施后效果很快显现，固定资产投资增长率反从 2008 年的 26.2% 上升到 2009 年的 31.0%，金融机构各项贷款余额同比增长率从 2008 年的 15.9% 上升到 2009 年的 31.7%。不论从固定资产投资的增长还是金融机构信贷规模的增长来看，此次宽松货币政策的实施效果都超过预期，迫使中央银行从 2010 年开始转变货币政策方向，将货币政策重心转变为治理通货膨胀，如表 5-25 所示。

表 5-25　　　　美国次贷危机时期的货币政策及其效果　　　　单位：%

年份	1 年期存款基准利率	1 年期贷款基准利率	法定存款准备金率	固定资产投资增长率	金融机构各项贷款增长率
2006	2.52	6.12	9	24.5	15.7
2007	4.14	7.47	14.5	25.6	16.2
2008	2.25	5.31	15	26.2	15.9
2009	2.25	5.31	14.5	31.0	31.7
2010	2.75	5.81	16.5	24.4	19.9
2011	3.25	6.56	19.25	25.1	14.3

（三）两次金融危机时期的货币供给

金融危机时期，货币当局一般都会扩张基础货币供给，并通过降低存贷款利率和法定存款准备金率扩张信贷规模，从而实现货币总供给的扩张。但是受货币供给内生性因素的影响，中央银行货币扩张的政策目标不一定能够顺利实现。

1998 年亚洲金融危机时期，外汇占款增长对基础货币供给增长的内生性影响减弱，中央银行通过增加再贷款扩张基础货币供给。1998 年货币当局对"其他存款性公司"和"其他金融性公司"债权占基础货币余额的比率为 51.1%，1999 年和 2000 年这一比率分别上升到 57.1% 和 60.6%。基础货币增长率在 1998 年出现大幅度下降后，1999~2001 年连续上升。但是在基础货币增长幅度持续提高的情况下，狭义货币供给 M1 和广义货币供给 M2 的增长速度却呈持续下降趋势。1999~2001 年，M1 增长速度分别为 17.7%、15.9% 和 12.7%。1998~2000 年，M2 增长速度分别为 14.8%、14.7% 和 12.3%。因此，亚洲金融危机时期，货币供给的增长速度没有提高反而下降，货币供给扩张的政策目标并没有实现，如表 5-26 所示。

表 5-26　　　　　　　　亚洲金融危机时期的货币供给

年份	基础货币（亿元）	增长率（%）	M1（亿元）	M1 增长率（%）	M2（亿元）	M2 增长率（%）
1996	26888.5	29.5	28515.0	18.9	—	—
1997	30632.8	13.9	34826.3	22.1	90995.3	19.6
1998	31335.3	2.3	38953.7	11.9	104498.5	14.8
1999	33620.0	7.3	45837.2	17.7	119898.0	14.7
2000	36491.4	8.5	53147.2	15.9	134610.3	12.3
2001	39851.7	9.2	59871.6	12.7	158301.9	17.6

2008 年美国次贷危机时期，外汇占款增长对基础货币供给增长的内生性影响也有所减弱，中央银行通过减少央行票据的发行减小货币冲销力度，加上之前央行票据到期的基础货币投放效应，使基础货币供给增长速度提高。基础货币稳定增长的同时，中央银行下调存贷款利率和法定存款准备金率等宽松性货币政策，使得狭义货币供给 M1 和广义货币供给 M2 的增长速度也快速提高。2008 年 M1 增长幅度为 9.0%，2009

年增长幅度提高到 32.4%。2008 年 M2 增长幅度为 17.8%,2009 年增长幅度提高到 27.6%。可见,美国次贷危机时期,货币供给的增长速度大幅提高,货币供给扩张的政策目标顺利实现,甚至超过预期效果,如表 5 – 27 所示。

表 5 – 27　　　　　　　美国次贷危机时期的货币供给

年份	基础货币（亿元）	增长率（%）	M1（亿元）	M1 增长率（%）	M2（亿元）	M2 增长率（%）
2006	77757.8	20.8	126035.1	17.5	345603.6	15.7
2007	101545.4	30.6	152519.2	21.0	403401.3	16.7
2008	129222.3	27.3	166217.1	9.0	475166.6	17.8
2009	143985.0	11.4	220001.5	32.4	606225.0	27.6
2010	185311.1	28.7	266621.5	21.2	725851.9	19.7
2011	224641.8	21.2	289847.7	8.7	851590.9	17.3

(四) 小结

我国的实际数据表明,在 1998 年亚洲金融危机时期和 2008 年美国次贷危机时期,中央银行都实施了宽松货币政策,但前一时期的货币供给扩张政策传导受阻,货币总供给增长速度不但没有提高,反而下降,而后一时期的货币供给扩张政策目标顺利实现,货币总供给增长速度大幅度提高,政策效果甚至超过货币当局的设定目标。

不管是 1998 年亚洲金融危机时期的货币扩张受阻,还是 2008 年次贷危机时期的货币扩张过度,都体现了外汇储备对信贷规模的内生性影响,在一定程度上反映了中央银行对货币供给控制能力的不足。1998 年亚洲金融危机时期,我国外汇储备余额规模较小,金融危机的爆发对公众信心和市场预期带来较大冲击,因此导致投资增长缓慢、信贷需求不足和货币扩张政策传导受阻。2008 年美国次贷危机时期,我国外汇储备余额规模较大，金融危机的爆发并没有导致社会公众对中国未来经济的悲观预期，社会投资需求旺盛，宽松型货币政策的实施导致信贷规模和货币供给的超预期增长。因此，可以得出结论认为，在金融危机背景下，外汇储备规模较小时，扩张性货币政策效果的实现会受到一定阻碍，外汇储备规模较大时，扩张性货币政策效果的实现会较为顺利，甚至出现货币供给的超预期扩张。

第六章

结论与政策建议

第一节 主要结论

本书从理论上分析了一国外汇储备对货币供给的内生性影响机制,认为外汇储备对货币供给内生性的影响可以分为三大方面:第一个方面是外汇储备对基础货币的内生性影响;第二个方面是外汇储备对信贷规模的内生性影响;第三个方面是金融危机时期外汇储备规模对稳定市场信心和扩张性货币政策传导效果的影响。其中,外汇储备对基础货币的内生性影响主要是通过新增外汇占款的基础货币投放效应产生的。外汇储备对信贷规模的内生性影响主要是通过商业银行流动性效应和固定资产投资效应产生的,商业银行流动性对信贷供给产生影响,固定资产投资对信贷需求产生影响。金融危机时期,外汇储备对货币供给的内生性影响主要是通过稳定市场信心和市场预期产生的。在面临危机冲击时,较小规模的外汇储备不利于稳定市场信心,扩张性货币政策传导受阻,较大规模的外汇储备能够起到稳定市场信心和预期的作用,扩张性货币政策效果明显。

本书实证分析了中国外汇储备对基础货币的内生性影响、对信贷规模的内生性影响以及 1998 年亚洲金融危机和 2008 年美国次贷危机时期外汇储备对货币供给内生性的影响,主要得出以下结论:

第一,从货币当局资产负债表中可以分析出,基础货币供给的主要来源为外汇占款、货币当局对政府债权、货币当局对其他存款性公司债权、货币当局对其他金融性公司债权、货币当局对非金融性公司债权。我们将后三项合并称为货币当局对银行机构债权,这样,基础货币供给主要来源即为外汇占款(FE)、对政府债权(COG)和对银行机构债权(COB)。另外,中央银行发行债券(BI)和政府存款(GD)对基础货币供给具有抵消效果。

Jonansen 协整检验结果表明基础货币(B)和外汇占款(FE)、对政府债权(COG)、对银行机构债权(COB)、中央银行发行债券(BI)和政府存款(GD)之间具有长期的协整关系。误差修正模型结果证明上述各项的短期变动对基础货币的短期变动都具有显著影响,其中外汇占款(FE)、对政府债权(COG)、对银行机构债权(COB)短期变动对基础货币变动的影响方向为正,中央银行发行债券(BI)和政府存款(GD)变动对基础货币变动的影响方向为负。在基础货币主要来源中,外汇占款(FE)的回归系数为 0.6518,明显高于对政府债权(COG)的影响系数 0.3707 和对银行机构债权(COB)的影响系数 0.2510,说明外汇储备的增长成为我国基础货币供给的最主要来源,外汇储备对基础货币供给产生较强的内生性影响。

第二,Granger 因果检验结果表明外汇储备是商业银行流动性的 Granger 原因,同时是固定资产投资的 Granger 原因。商业银行流动性是金融机构各项贷款的 Granger 原因,固定资产投资也是金融机构各项贷款的 Granger 原因。外汇储备是金融机构各项贷款的 Granger 原因。因此,可以认为,外汇储备通过商业银行流动性效应和固定资产投资效应对信贷规模产生内生性影响的机制在 Granger 因果检验中是成立的。

基于 Granger 因果检验中的滞后期和显著性水平,我们建立两个分布滞后模型。第一个分布滞后模型以信贷规模的增长率($\Delta \ln LOAN$)作为因变量，以商业银行流动性水平的变化（ΔLIQ）、固定资产投资的增长率（ΔlnINVEST）、贷款利率的变化（ΔR）、法定存款准备金率的变化（ΔRR）、存款规模的增长率（ΔlnDEP）、商业银行资本充足率（CAP），以及各自滞后1期、滞后2期、滞后3期的滞后变量作为自变量。使用最小二乘回归（OLS）方法进行回归分析并去掉回归系数不显著的变量后发现，当期的商业银行流动性变动和信贷规模变动之间呈负方向关系，但是当期的商业银行流动性变动和下一期的信贷规模变动呈正相关关系，即本期商业银行流动性较高，则下一期商业银行提供贷款的能力和意愿会增强。本期的固定资产投资增长率越高，下一期的信贷规模增长越快，这反映了固定资产投资的增长提高了下一期的信贷需求。

另一个分布滞后模型仍以信贷规模的增长率（ΔlnLOAN）作为因变量，将自变量中的商业银行流动性水平的变化（ΔLIQ）和固定资产投资的增长率（ΔlnINVEST）替换为外汇储备增长率（ΔlnFA），其他自变量不变。回归分析结果认为外汇储备增长会对2期之后的信贷规模增长产生显著的正方向影响。

Granger因果检验和两个分布滞后模型的回归结果都表明，我国外汇储备增长通过提高商业银行流动性和推动固定资产投资增长对信贷规模增长产生了内生性影响。外汇储备增长对2期之后的信贷规模增长具有显著的正方向影响，商业银行流动性变动对下一期的信贷供给变动具有显著的正方向推动作用，固定资产投资增长对下一期的信贷需求增长具有显著的正方向促进作用。

第三，我们考察了1998年亚洲金融危机和2008年美国次贷危机时期，我国外汇储备对货币供给内生性的影响。发现两次金融危机时期，外汇储备增长速度都有所下降，导致新增外汇占款在新增基础货币来源中的占比也大幅度下降。因此，金融危机时期，外汇储备对基础货币供给的内生性影响减弱。

1998年亚洲金融危机时期，我国外汇储备余额规模较小，外汇储备余额仅为1000多亿美元，占适度规模上限的92%，占当年GDP的

15.2%。金融危机的爆发对公众信心和市场预期带来较大冲击，导致投资增长缓慢、信贷需求不足和货币扩张政策传导受阻。2008 年美国次贷危机时期，我国外汇储备余额规模较大，外汇储备余额为 1.5 万亿美元，是适度规模上限的 3 倍多，占当年 GDP 的 23.9%。金融危机的爆发并没有导致社会公众对中国未来经济的悲观预期，社会投资需求依然旺盛，宽松型货币政策的实施导致信贷规模和货币供给的超预期增长。

不管是 1998 年亚洲金融危机时期的货币扩张受阻，还是 2008 年次贷危机时期的货币扩张过度，都体现了外汇储备对信贷规模的内生性影响，在一定程度上反映了中央银行对货币供给控制能力的不足。从两次金融危机时期我国外汇储备规模和货币政策实施效果可以看出，在金融危机背景下，外汇储备规模较小时，扩张性货币政策效果的实现会受阻，外汇储备规模较大时，扩张性货币政策效果的实现会较为顺利，甚至出现货币供给的超预期扩张。

第二节 相关政策建议

一、改善收入分配格局

外汇储备的快速增长通过对基础货币供给和信贷规模增长的内生性影响带来货币总量的内生性扩张，导致物价水平上升和通货膨胀。通货膨胀具有明显的收入再分配效应，不同社会群体抵御通货膨胀的能力不同，在通货膨胀中遭受的福利损失存在差异。许多实证研究表明，通货膨胀会加大收入差距，加剧贫富分化，穷人在通货膨胀中受到的影响大于富人所受到的影响，高通货膨胀会伴随着更高的贫困率。根据边际消费递减规律，高收入阶层的储蓄率比低收入阶层高，收入分配不平等会提高社会储蓄率和投资率，导致较低的社会消费水平和内需不足。另外，积累在高收入人群手中的财富需要寻求保值和增值渠道，造成股价和房价等资产价格的上涨，并通过价格传导机制引起一般物价水平的上升，进一步加剧通货膨胀。因此，在外汇储备增长带来货币供给的内生性扩张背景下，政府部门需要通过税收、财政收入、财政支出、政策倾斜等财政和行政手段对收入分配进行调节，改善收入分配格局。如根据经济发展和地区差异改进最低工资标准，调整个人所得税起征点，健全社会保障制度，消除垄断，形成公平竞争的市场环境，调整居民收入增长机制，提高劳动收入在初次分配中的比例等，以避免货币供给的内生性扩张和通货膨胀带来贫富分化的加剧以及由此产生的不利影响。

二、控制投资过快增长

外汇储备增长对国内固定资产投资增长具有促进作用，并通过提高固定资产投资增长速度提升社会信贷需求，最终导致信贷规模的内生性增长和货币供给的内生性扩张。既然外汇储备增长对固定资产投资具有推动作用，那么政府需要通过其他手段控制固定资产投资增长，稳定固定资产投资增长率，防止投资过快增长带来的信贷和货币扩张以及通货膨胀。在控制固定资产投资总量的同时，也需要注重调整和优化投资结构。

一方面，城市基础设施建设所创造的巨大投资需求直接引导着市场对产业链中上游产品的投资需求，在我国投资增长产业链条中具有总引擎的地位。而城市基础设施建设投资主要受地方政府和各种政府城市投资公司推动。因此，为了控制固定资产投资的增长，需要抑制地方政府的投资冲动，引导基础建设投资的合理增长。

另一方面，近年来，受到城市居民住房制度改革的推进、城市化进程的加快等因素的影响，我国房地产开发投资增长速度持续快于全社会固定资产投资和国内生产总值增长速度，房地产开发投资占固定资本形成的比重不断上升，成为推动固定资产投资增长的重要力量。房地产业在国民经济链条中处于中间环节，会对机械设备制造业、建筑材料、化学工业等多个关联产业产生需求，带动关联产业投资的增长。房地产市场的过快增长容易产生房地产市场泡沫，并具有推动固定资产投资加速增长的效应，导致投资和经济过热。因此，需要通过调整首付比例、完善住房公积金管理、加强房地产开发用地审批管理、增加保障性住房供给等措施控制房地产开发投资的增长速度，维持房地产市场的稳定和健康发展。

三、推进利率市场化改革

外汇储备的快速增长通过提高商业银行流动性和固定资产投资增长率导致信贷规模和货币供给的内生性增长。这些信贷资金的流向是否合理对投资效率和经济增长质量有重要影响。在我国整体流动性过剩的背景下，中小企业融资难的问题一直难以解决，成为制约中小企业发展和民间投资增长的瓶颈。导致中小企业融资难的一个重要原因就是利率管制。利率管制容易造成金融市场的分割，在政府利率管制市场，资金主要流向国有企业及政府机构，在非官方的自由市场，利率远远高于利率管制水平。中小企业通过内部积累或者非正规金融机构融资，需要承担较高的利率成本。这种市场分割和金融抑制将导致市场扭曲和信贷资金配置效率的低下。

利率市场化有利于改善中小企业的融资环境。利率管制使得商业银行在既定利率浮动范围内倾向于将信贷资金发放给收益稳定和风险相对较小的大型企业，中小企业由于风险高而难以获得银行贷款。因而出现市场总体流动性过剩，中小企业却难以获得融资的矛盾局面。利率市场化后，具有较高风险的中小企业通过支付较高的贷款利率可以提高其在争取信贷资金时的谈判能力和竞争能力，收益与风险相匹配也将提高商业银行向中小企业贷款的积极性。利率市场化通过推动银行间的公平竞争能够改善利率价格的形成机制，促进商业银行信贷资源被更加合理有效地配置到各种类型的企业当中。

四、改善进出口贸易结构

我国加入世界贸易组织以来,出口快速增长,长期保持国际贸易顺差。这期间,我国的出口竞争力主要靠较低的劳动力成本维持,出口产品以劳动密集型产品为主,产品的技术含量和附加值较低,出口企业与其他拥有核心技术及行业标准的国外企业相比,所获得的利润非常微薄。另外,人民币币值的长期低估和货币当局对汇率的长期干预是提高我国出口竞争力的另一重要因素。

但是,近年来我国出口部门劳工工资增长较快,导致劳动力成本快速上升,我国劳动密集型产业的国际竞争力正在受到来自于其他发展中国家的严峻挑战。人民币从 2005 年开始升值,虽然升值速度一直缓慢,但经过十年时间,人民币对美元名义汇率升值已达到约 30%,且 2014 年人民币有加快升值的趋势,浮动幅度放宽。另外,中国人口结构逐渐趋于老龄化,随着年轻劳动力的减少,人口红利难以长期维持。美国次贷危机和欧洲债务危机导致全球经济增长减速和国际市场需求下降,各国贸易保护主义抬头,贸易摩擦加剧。这些因素都导致我国出口竞争力面临严峻考验。

在此背景下,我国不应该再一味追求粗放型出口增长,而应该在外汇储备充足甚至规模过度的条件下,加快贸易结构的调整,提高出口产品的附加值和技术含量,增加高新技术和先进设备的进口,扩大内需以调节国内外贸易的失衡。继续依赖低附加值产品和不可再生资源的出口,将不利于我国经济社会的可持续发展。实现出口结构的优化和出口竞争优势的转变,需要大力推动产业结构调整,积极发展能源消耗低、环境污染小的产业,提高自主创新能力,创造核心技术和打造知名品牌,开拓新兴市场。另外,可以通过进口国外高新技术设备、技术专利与技术研发机构,推动国内企业更多地进入新兴制造业和先进制造技术领域,推进加工贸易转型升级。减少电路板、旧电脑、电池等不利于国民经济可持续发展的产品的进口。增加先进技术和设备等高质量产品的进口不仅能够改善进口贸易结构,还能够改善进出口的失衡,平衡国际收支,控制外汇储备的过快增长。

五、完善人民币汇率形成机制

外汇储备通过外汇占款产生的基础货币投放效应和人民币汇率水平密切相关,如果人民币汇率被低估,则相同规模的外汇占款将投放更多的基础货币,人民币的升值将减少外汇占款对基础货币供给的内生性影响。另外,外汇占款的形成主要是由我国强制结售汇制度导致的。虽然为了配合人民币跨境结算业务的实施,我国已经废除了强制结售汇制度,开始采用意愿结售汇制度,个人和企业可以自愿选择买卖外汇的数量。但是人民币币值的低估和升值预期的存在,导致企业和居民持汇意愿不高,大量外汇被出售给商业银行,商业银行为了规避汇率风险,将外汇卖给中央银行,依然会形成大量外汇占款。另外,人民币汇率低估是吸引国际"热钱"大量流入的重要原因,"热钱"流入等待人民币升值后获得套汇收益。目前国际"热钱"净流入规模占据外汇储备余额的比重已经和贸易顺差余额的占比相当,远远大于外商直接投资在外汇储备中的占比。

合理的人民币汇率水平将提高居民和企业持有外汇的意愿,降低外汇占款规模,并减小外汇占款的基础货币投放力度,同时减小国际"热钱"的套汇性流入规模。完善人民币汇率形成机制,需要扩大银行间外汇市场人民币兑美元交易价浮动幅度,中央银行基本退出常态外汇干预,加大市场供求决定的力度,增强人民币汇率浮动弹性。

六、制定货币政策时,考虑外汇储备对货币供给的内生性影响

1998年亚洲金融危机时期,我国外汇储备规模较小,宽松性货币政

策传导受阻，货币扩张的政策目标难以实现。而 2008 年美国次贷危机对我国经济造成冲击时，我国持有较大规模外汇储备，短暂的宽松性货币政策导致信贷规模和货币供给量快速增长，货币扩张超出了预期目标。鉴于两次金融危机时期外汇储备规模的不同和扩张性货币政策效果的截然相反，我们认为，中央银行在制定货币政策时，尤其是宽松型货币政策时，需要考虑外汇储备规模对公众预期和货币政策传导的影响。当外汇储备规模较大时，需要进行货币政策的微调和定向调整，而不宜实施力度较大的全面宽松货币政策。同时，需要处理好货币政策和财政政策的搭配。当外汇储备规模较小时，宽松型货币政策传导受阻，政策目标难以实现，需要搭配积极的财政政策以刺激经济。当外汇储备规模较大时，宽松型货币政策效果明显，则不宜搭配积极的财政政策，否则会造成投资和经济过热，迫使货币政策转变方向以防范通货膨胀，导致货币政策忽松忽紧和经济的忽冷忽热，不利于经济稳定运行。

参 考 文 献

[1] 巴曙松. 中国货币政策有效性的经济学分析 [M]. 北京：经济科学出版社，2000.

[2] 彼得·纽曼. 新帕尔格雷夫货币金融大辞典 [M]. 北京：经济科学出版社，2006.

[3] 陈雨露. 国际金融（第四版）[M]. 北京：中国人民大学出版社，2011.

[4] 傅亚辰，杨会晏. 经典货币学说概论 [M]. 北京：经济科学出版社，2007.

[5] 高铁梅. 计量经济分析方法与建模：EViews 应用及实例（第二版）[M]. 北京：清华大学出版社，2009.

[6] 胡庆康. 现代货币银行学教程 [M]. 上海：复旦大学出版社，2001：18-20.

[7] 姜波克. 开放经济下的货币市场调控 [M]. 上海：复旦大学出版社，1999：37-39.

[8] 卡甘. 1875-1960 年美国货币存量变化的决定及其影响 [M]. 纽约：哥伦比亚大学出版社，1965.

[9] 刘思跃，肖卫国. 国际金融（第二版）[M]. 武汉：武汉大学出版社，2002.

[10] [美] 罗伯特·普利格，尼克·卡夫. 各国如何管理储备资产 [M]. 北京：中国金融出版社，2010.

[11] 宁咏．内生货币供给：理论假说与经验事实（第一版）[M]．北京：经济科学出版社，2000．

[12] 吴晓灵．中国外汇管理[M]．北京：中国金融出版社，2002．

[13] 王广谦，等．20世纪西方货币金融理论研究：进展与述评[M]．北京：经济科学出版社，2003．

[14] 王三兴．亚洲的超额外汇储备：成因与风险[M]．北京：中国人民大学出版社，2011．

[15] 王云霞．中国外汇储备管理创新研究[M]．北京：知识产权出版社，2010．

[16] 斯蒂芬·罗西斯．后凯恩斯主义货币经济学[M]．余永定，等译．北京：中国社会科学出版社，1991．

[17] 袁志刚．高级宏观经济学[M]．上海：复旦大学出版社，2001．

[18] 约翰G.格利，爱德华S.肖．金融理论中的货币[M]．上海：三联出版社，1994．

[19] 詹姆斯·托宾．货币、信贷与资本[M]．大连：东北财经大学出版社，2000．

[20] 张晓峒．EViews使用指南与案例[M]．北京：机械工业出版社，2007．

[21] 巴曙松，吴博，朱元倩．汇率制度改革后人民币有效汇率测算及对国际贸易、外汇储备的影响分析[J]．国际金融研究，2007（4）．

[22] 陈琛，周宇．东亚外汇储备库：背景、特征、难点及未来发展[J]．亚太经济，2010（4）．

[23] 陈军，李慧敏，陈金贤．现阶段我国货币供给机制及内生性分析[J]．中国软科学，1999（5）．

[24] 陈诗颖．东亚经济体大规模囤积外汇储备现象研究[J]．中国市场，2010（10）．

[25] 陈学彬. 我国近期货币乘数变化的态势及其影响因素的实证分析（上）[J]. 金融研究, 1998 (1).

[26] 陈学彬. 我国近期货币乘数变化的态势及其影响因素的实证分析（下）[J]. 金融研究, 1998 (2).

[27] 陈昭. 内生货币供给理论述评 [J]. 经济评论, 2005, (4).

[28] 楚尔鸣, 石华军, 肖珑. 我国外汇储备变动与货币内生性实证分析: 2000 - 2005 [J]. 开发研究, 2007 (1).

[29] 戴根有. 关于我国货币政策的理论与实践问题 [J]. 金融研究, 2000 (9).

[30] 邓敏. 我国当前外汇储备形势下的外资政策目标调整 [J]. 国际贸易问题, 2004 (9).

[31] 高瞻. 我国外汇储备、汇率变动对通货膨胀的影响——基于国际收支视角的分析 [J]. 国际金融研究, 2010 (11).

[32] 苟琴等. 中国短期资本流动管制是否有效 [J]. 世界经济, 2012 (2).

[33] 谷宇, 韩国高. 后危机背景下基于预防动机的中国外汇储备需求研究 [J]. 国际金融, 2011 (4).

[34] 郭杰, 杨杰, 程栩. 货币供给内生环境下财政对内需的影响研究 [J]. 经济理论与经济管理, 2013 (5).

[35] 郭梅军. 各国持有国际储备的动因与规模——汇率制度视角的分析 [J]. 财贸经济, 2004 (10).

[36] 胡鞍钢. 我国通货紧缩的特点、成因及对策 [J]. 管理世界, 1999 (3).

[37] 黄武俊, 陈漓高. 外汇资产、基础货币供应与货币内生性——基于央行资产负债表的分析 [J]. 财经研究, 2010 (1).

[38] 黄燕, 芬顾严. 我国基础货币的来源及央行的调控能力分析: 1998 - 2004 [J]. 管理世界, 2006 (3).

[39] 黄志刚. 经济波动、超额准备金率和内生货币——基于信贷

市场资金搜寻和匹配视角［J］. 经济学（季刊），2012（3）.

［40］贾雪梅，雷良海. 我国货币供给内生性的实证分析［J］. 云南财贸学院学报，2005（2）.

［41］江春，刘春华. 利率平价理论的分析与探讨［J］. 经济管理，2007（20）.

［42］金中夏，陈浩. 利率平价理论在中国的实现形式［J］. 金融研究，2012（7）.

［43］李春琦，王文龙. 货币供给量作为货币政策中介目标适应性研究［J］. 财经研究（2）.

［44］李伟杰. 利率—汇率联动：理论综述与实证检验［J］. 中国房地产金融，2009（4）.

［45］李杨，王国刚. 关于当前社会资金流动的三个问题［J］. 证券研究，1997（2）.

［46］李英杰. 我国货币供给的内生性研究［J］. 市场周刊，2012（10）.

［47］林毅夫. 关于人民币汇率问题的思考与政策建议［J］. 世界经济，2007（3）.

［48］刘斌. 外汇储备变化的实证分析［J］. 经济评论，2003（2）.

［49］刘国亮，陈达飞. 内生货币视角下通货膨胀与货币供应量关系分析［J］. 经济学动态，2012（8）.

［50］刘立达. 中国国际资本流入的影响因素分析［J］. 金融研究，2007（3）.

［51］刘威，吴宏. 中美两国利率与汇率相互影响效应的评估研究——基于抛补利率平价理论的实证检验［J］. 世界经济研究，2010（2）.

［52］刘淄，张力美. 金融开放条件下利率与汇率的相互影响及其协调［J］. 国际金融研究，2003（1）.

［53］陆昂. 中国货币政策操作与基础货币管理［J］. 管理世界，1998（1）.

[54] 罗素梅. 外汇储备最优规模测度模型的比较研究 [J]. 统计与决策, 2011 (20).

[55] 吕光明, 徐曼. 中国的短期国际资本流动——基于月度 VAR 模型的三重动因解析 [J]. 国际金融研究, 2012 (4).

[56] 马冀勋. 托宾的 Q 投资理论与资本市场均衡机制 [J]. 中央财经大学学报, 2008 (10).

[57] 倪成伟. 我国通货紧缩的货币机制原因研究 [J]. 财经论丛, 2000 (2).

[58] 盛松成, 王维强. 我国金融宏观调控的改革和发展 [J]. 财经研究, 1999 (1).

[59] 石良平, 肖海燕. 利率的政策效应分析 [J]. 上海经济研究, 1999 (6).

[60] 石华军, 肖珑, 刘莅祥. 开放经济条件下中国货币供给量内生性的实证分析（2000－2005）[J]. 经济与管理, 2006 (1).

[61] 宋玮, 黄燕芬. 我国利率市场化改革与货币供给内生性弱化之关联性分析 [J]. 经济理论与经济管理, 2006 (1).

[62] 苏亮瑜. 中国货币政策传导机制及盯住目标选择 [J]. 金融研究, 2008 (5).

[63] 谭文培. 我国外汇储备增长对货币供给影响的实证分析 [J]. 统计与决策, 2010 (14).

[64] 万解秋, 徐涛. 货币供给的内生性与货币政策的效率——兼评我国当前货币政策的有效性 [J]. 经济研究, 2001 (3).

[65] 汪小亚, 等. 七次降息对储蓄、贷款及货币供应量影响实证分析 [J]. 经济研究, 2000 (6).

[66] 王杰, 谢明. 中国货币供给是内生的吗——基于 VAR 模型的实证检验 [J]. 济南金融, 2007 (8).

[67] 王静, 魏先华. 我国货币供给内生性问题的实证分析 [J]. 当代财经, 2012 (6).

[68] 王琦. 关于我国国际资本流动影响因素计量模型的构建和分析 [J]. 国际金融研究, 2006.

[69] 王世华, 何帆. 中国的短期国际资本流动: 现状、流动途径和影响因素 [J]. 世界经济, 2007 (7).

[70] 王爱俭, 林楠. 人民币名义汇率与利率的互动关系研究 [J]. 经济研究, 2007 (10).

[71] 王松奇. 论货币供给的内生性与外生性 [J]. 中央财政金融学院学报, 1992 (1).

[72] 伍戈. 中国货币供给的结构分析: 1999 - 2009 年 [J]. 财贸经济, 2010 (11).

[73] 吴立雪. 货币供应量是内生的吗?——基于中、美、日数据的检验 [J]. 金融理论与实践, 2014 (1).

[74] 夏斌, 廖强. 货币供给量已不宜作为当前我国的货币政策中介目标 [J]. 经济研究, 2001 (8).

[75] 肖雯, 周建中. 我国外汇储备的变动对货币政策效应的影响与对策分析 [J]. 金融与经济, 2005 (6).

[76] 谢多. 公开市场业务实践与货币政策操作方式转变 [J]. 经济研究, 2000 (5).

[77] 徐明东, 陈学彬. 中国国际收支顺差的流动性分配效应与银行贷款渠道检验 [J]. 世界经济, 2011 (8).

[78] 徐黎鹰. 货币供给的内生性和金融宏观调控 [J]. 经济理论与经济管理, 1992 (1).

[79] 许健. 转轨时期财政条件变化及其货币内生性问题 [J]. 经济研究, 1997 (4).

[80] 易行建. 经济开放条件下的货币需求函数: 中国的经验 [J]. 世界经济, 2006 (4).

[81] 于泽, 罗瑜. 中国货币性质再检验与通货膨胀成因 [J]. 管理世界, 2013 (10).

[82] 于学军. 1998年货币政策效用解析 [J]. 经济研究, 1999 (3).

[83] 袁仕陈, 范明. 近年来中国国内货币供给源于国际资本流动吗? [J]. 世界经济研究, 2012 (3).

[84] 岳意定, 张璇. 我国外汇储备对基础货币影响的实证研究 [J]. 世界经济研究, 2007 (1).

[85] 张春生, 吴超林. 中国M2/GDP畸高原因的再考察——基于商业银行资产负债表的分析 [J]. 数量经济技术经济研究, 2008 (5): 3-16.

[86] 张萍. 利率平价理论及其在中国的表现 [J]. 经济研究, 1996 (10).

[87] 张文先. 关于货币需求与货币供给的几点思考 [J]. 金融与经济, 1996 (5).

[88] 张雪芳, 王妙如. 我国国有商业银行流动性过剩实证研究 [J]. 财贸经济, 2007 (12): 51-55.

[89] 张谊浩, 裴平, 方先明. 中国的短期国际资本流入及其动机 [J]. 国际金融研究, 2007 (9).

[90] 张谊浩, 沈晓华. 人民币升值、股价上涨和"热钱"流入关系的实证研究 [J]. 金融研究, 2008 (11).

[91] 张志华. 外汇储备数量与结构变化下的货币供给方式转型的路径分析 [J]. 国际金融, 2013 (10).

[92] 赵庆明. 我国外汇储备增长根源及治理研究 [J]. 国际金融研究, 2007 (8).

[93] 赵文胜, 张屹山, 赵扬. 人民币升值、股价上涨和"热钱"流入关系的实证研究 [J]. 世界经济研究, 2011 (1).

[94] 郑捷, 李霁友. 货币供给的内生性与我国住房金融的制度选择 [J]. 中国房地产金融, 2007 (6).

[95] 中国人民银行研究局课题组. 中国货币政策分析 [J]. 经济研究, 1999 (3).

［96］中国社会科学院经济研究所宏观课题组. 贸易、资本流动与汇率政策［J］. 经济研究, 1999（9）.

［97］钟平. 货币供给内生性与央行宏观调控［J］. 南方金融, 2003（12）.

［98］周诚君. 中国货币供给的内生性与货币政策分析［J］. 南京大学学报, 2002（1）.

［99］周光友, 邱长溶. 电子货币与基础货币的可控性研究［J］. 学习论坛, 2005（57）.

［100］周素颜. 20世纪西方货币政策理论发展与评述［J］. 金融教学与研究, 2005（2）.

［101］Agarwal J. P. Optimal Monetary Reserves for Developing Countries［J］. Review of World Economics, 1971, 107: 76–91.

［102］Aizenman J. Lee. International Reserves: Precautionary Versus Mercantilist Views: Theory and Evidence［R］. NBER Working Paper, No. 11366, 2005.

［103］Akerlof G. A., Allen J. L. Can Small Deviations from Rationality Make Significant Differences to Economic Equilibrium［J］. American Economic Review, 1985a, 75: 708–720.

［104］Aretis Philip, Alfred S. Eichner. The Post–Keynesian and Institutionalist Theory of Money and Credit［J］. Journal of Economic Issues, 1988, 10（4）: 1003–1021.

［105］Barro R. Unanticipated Money Growth and Unemployment in the United States［J］. American Economic Review, 1977, 67: 101–115.

［106］Barro R. Unanticipated Money Growth, Output and the Price Level in the United States［J］. Journal of Political Economy, 1978, 86: 549–580.

［107］Bautista C. C. The Exchange Rate–Interest Differential Relationship in Six East Asian Countries［J］. Economics Letters, 2006, 92（1）: 137–142.

[108] Ben S. Bernanke, Alan S. Blinder. The Federal Funds Rate and the Channels of Monetary Transmission [J]. The American Economic Review, 1992 (82): 901 – 921.

[109] Brunner K., Meltzer A. Money and Credit in the Monetary Transimission Process [J]. American Economic Review, 1988, 78: 446 – 451.

[110] Chortareas G. E., Driver R. L. PPP and theReal Exchange Rate Differential Puzzle Revisited: Evidence from Non – stationary Panel Data [M]. Bank of England, 2001: 10 – 23.

[111] Dow S. Post Keynesian Monetary Theory for an Open Economy [J]. Journal of Post Keynesian Economics, 1986, 9: 237 – 257.

[112] Dua P., Sen P. Capital Flow Volatility and Exchange Rates: The Case of Indi [R]. Delhi School of Economics, Centre for Development Economics, Working Paper, No. 144, 2006.

[113] Edison H. J., Pauls B. D. A Re – assessment of the Relationship Between Real Exchange Rates and Real Interest Rates: 1974 – 1990 [J]. Journal of Monetary Economics, 1993, 31 (2): 165 – 187.

[114] Evans P. Money, Output and Goodhart Law: The U. S. Experience [J]. Review of Economics and Statistics, 1985, 67: 1 – 8.

[115] Ferrero A. House Prices Booms and Current Account Deficits, Unpublished Paper, 2011.

[116] Feige E., McGee R. Money Supply Control and Lagged Reserve Accounting [J]. Journal of Money, Credit and Banking, 1977, 60 (1): 536 – 551.

[117] Fischer S. Long – Term Contracts, Rational Expectations, and the Optimal Money Supply Rule [J]. Journal of Political Economy, 1977, 85: 191 – 205.

[118] Fleming J. M. Domestic Financial Policies under Fixed and under Floating Exchange Rates [J]. Staff Papers – International Monetary Fund,

1962, 9 (3): 369 -380.

[119] Fontana G. Post Keynesians and Circuitists on Money and Uncertainty: An Attempt at Generality [J]. Journal of Post Keynesian Economics, 2000, 23: 27 -48.

[120] Foster W. The Circuit Flow of Money [J]. American Economic Review, 1922, 12: 460 -473.

[121] Frankel J. A., Okongwu C. Liberalized Portfolio Capital Inflows in Emerging Capital Markets: Sterilization, Expectations, and the Incompleteness of Interest Rate Convergence [Z]. National Bureau of Economic Research, No. w5156, 1995.

[122] Frankel J. A. The Demand for International Reserves by Develop and Less Developed Countries [J]. Economica, 1973, 41: 14 -24.

[123] Fratzscher M., Juvenal L., Sarno L. Asset Prices, Exchange Rates and the Current Account [J]. European Economic Review, 2010, 54 (5): 643 -658.

[124] G. A. Calvo, L. Leiderman, C. M. Reinhart. Capital Inflows and Real Exchange Rate Appreciation in Latin America: The Role of External Factors [Z]. Staff Papers - International Monetary Fund, 1993.

[125] Robert H. Optional International Reserves [J]. The Economic Journal, 1996, 76.

[126] Iyoha M. A. The Demand for International Reserves in Less Developed Countries: A Distribution Lag Specification [J]. The Review of Economic and Statistics, 1976, 58.

[127] Krugman P. O. Canada: A neglected nation gets its Nobel [J]. Slate Magazine, 1999, 10: 41 -68.

[128] Kumhof M. Sterilization of Short - term Capital Inflows through Lower Interest Rates? [J]. Journal of International Money and Finance, 2004, 10: 95 -108.

[129] Lavoie M. The Post Keynesian Theory of Endogenous Money: A Reply [J]. Journal of Economic Issues, 1985, 19: 843 - 848.

[130] Moore B. J. On the Endogenous Money Supply Once More [J]. Journal of Post Keynesian Economics, 1989, 11 (3): 479 - 487.

[131] Moore B. J. The Endogeneity of Credit Money [J]. Review of Political Economy, 1988, 1: 64 - 93.

[132] Moore B. J. Unpacking the Post Keynesian BlackBox: Bank Lending and the Money Supply [J]. Journal of Post Keynesian Economics, 1983, 5 (4): 537 - 556.

[133] Moore B. J., Stuttman S. A Causality Analysis of the Determinants of Money Growth [J]. British Review of Economic Issues, 1982, 6: 1 - 25.

[134] Moore B. J. How Credit Drives The Money Supply: The significance of Institutional Developments [J]. Journal of Economic Issues, 1986, 20 (2): 443 - 452.

[135] Mundell R. A. Capital Mobility and Stabilization Policy under Fixed and Flexible Exchange Rates [J]. The Canadian Journal of Economics and Political Science, 1963, 29 (4): 475 - 485.

[136] Christopher J. Niggle. The Endogenous Money supply Theory: An Institutionalist Appraisal [J]. Journal of Economic Issues, 1991, 25 (1): 137 - 151

[137] Thomas I. Palley. The endogenous money supply: consensus and disagreement [J]. Journal of Post Keynesian Economics, 1991, 13 (3): 397 - 403.

[138] Partinkin D. Inside Money, Monopoly Bank Profits and the Real - Balance Effect: Comment [J]. Journal of Money, Credit and Banking, 1971, 3: 271 - 275.

[139] Robert Pollin. Two Theories of Money Supply Endogeneity: Some Empirical Evidence [J]. Journal of Post Keynesian Economics, 1991, 13

(3): 366-396.

[140] Siklos Rogers. ForeignExchange Market Intervention in Two Small Open Economics: the Canadian and Australian Experience [J]. Journal of International Money and Finance, 2003, 17: 117-127.

[141] Rousseas S. On the Endogeneity of Money Once More [J]. Journal of Post Keynesian Economics, 1989, 11: 474-478.

[142] Schertler A., Tykvová T. What Lures Cross-Border Venture Capital Inflows? [Z]. ZEW Discussion Paper, No. 10-001, 2010.

[143] Siourounis G. Capital Flows and Exchange Rates: an Empirical Analysis [Z]. London Business School IFA Working Paper, No. 400, 2004.

[144] Stein J. L. The Forward Rate and the Interest Parity [J]. The Review of Economic Studies, 1965, 32 (2): 113-126.

[145] Steven Strongin. The Identification of Monetary Policy Disturbances Explaining the Liquidity Puzzle [J]. Journal of Monetary Economics, 1995 (35): 463-497.

[146] Tobin J. A General Equilibrium App roach to Monetary Theory [J]. Journal of Money, Credit, and Banking, 1969, 1: 15-291.

[147] Triffin R. National Central Banking and the International Economy [J]. Review of Economic Studies, 1947.

[148] Virmani A. Macro-Economic Management of the Indian Economy: Capital Flows, Interest Rates, and Inflation [J]. Macroeconomics and Finance in Emerging Market Economies, 2009, 2 (2): 189-214.

[149] Wong D. K., Li K. W. Comparing the Performance of Relative Stock Return Differential and Real Exchange Rate in Two Financial Crises [J]. Applied Financial Economics, 2010, 20 (1-2): 137-150.

[150] Yashikawa H. On the 'q' Theory of Investment [J]. American Economic Review, 1980, 1 (70): 739-743.

附录 1

我国外汇储备对宽松货币政策传导的影响[*]

夏春莲 黄 晶[**]

一、引言

关于我国外汇储备对货币政策传导的影响，已有文献主要集中于讨论我国外汇储备增长带来的货币政策独立性下降的问题。主流观点认为随着外汇储备的增长，央行为了避免人民币快速升值，积极干预外汇市场，被动投放大量基础货币。虽然央行发行大量票据对冲基础货币的投放，但这种货币冲销只在短期内有效。随着之前发行票据的到期和还本付息，货币冲销的压力不断积累，冲销效率偏低。这导致央行控制基础货币的有效性和独立性下降，并带来2002年之后我国货币供给量 M2 的快速扩张和物价水平的攀高。部分文献通过实证检验的方法论证了外汇储备增加对我国货币扩张和物价上涨具有显著的影响（如方先明等，2006；岳意定和张璇，2007；李超和周诚君，2008；范从来和赵永清，2009；黄武俊和陈漓高，2010）。少数文献通过建立理论模型推出命题认为即使中国实行较严格的资本管制，不存在自由资本流动，由于外汇

---

[*] 基金项目：教育部人文社会科学研究青年基金项目"增长转型如何帮助中国经济跨越'中等收入陷阱'"（15YJC790031）。本文发表于《江汉论坛》2017 年第 8 期。

[**] 夏春莲，淮阴工学院　商学院；黄晶，浙江工业大学　经贸管理学院。

储备积累会导致基础货币增加，长期下去，央行无法有效控制通货膨胀，将最终失去货币政策独立性（如谢平和张晓朴，2002；孙华妤，2004；汪洋，2005；裘骏峰，2015）。

上述文献研究的问题可以概括为外汇储备的增长削弱了我国紧缩性货币政策的实施效果。本文关注另外一个问题，是外汇储备的增长和积累对宽松货币政策传导效果的影响。在我国外汇储备大量积累的背景下，突然的经济下滑冲击导致央行必须实施宽松货币政策时，这种前期的外汇储备积累和危机时期外汇增长的速度会对宽松货币政策效果产生怎样的影响，成为本文研究的主题。

本文对比分析了1998年亚洲金融危机时期、2008年次贷危机时期和2015年经济结构调整时期外汇储备的积累以及增长情况和宽松货币政策的实施效果，认为外汇储备的积累和增长速度一方面影响商业银行流动性，另一方面影响公众预期和市场信心，并从这两个方面影响宽松货币政策实施效果。央行在出台宽松货币政策应对经济下行冲击时，必须考虑外汇储备长期增长所积累的流动性过剩的存在，一旦政策过度放开，这些被冲销措施囤积已久的流动性会像放了闸门的洪水一样涌向市场。另外，外汇储备的规模存量和增长速度，会影响公众对于政府应对危机能力的判断。央行在把握宽松货币政策力度时，也需要考虑市场信心和公众预期的影响，因为市场信心不足和悲观的公众预期会使宽松货币政策的传导受阻，而充足的市场信心和乐观的公众预期可能会导致宽松货币政策被过度传导。

二、外汇储备增长与商业银行流动性过剩

（一）作用机制

外汇储备增长通过外汇占款渠道投放基础货币，中央银行为了冲销基础货币的投放，向商业银行发行央行票据，同时提高商业银行法定存款准备金率，以控制商业银行信贷扩张，从而达到控制货币供给过快增

长的目的。这种对冲方式短期效果是降低了商业银行发放贷款和派生货币的能力,但长期效应是带来商业银行流动性过剩。这一影响机制,我们通过商业银行和中央银行资产负债表的变化进行分析。

首先,图1显示了外汇资产流入中国后,以外贸盈余企业为代表的外汇资产持有者将外汇资产卖给商业银行,商业银行将外汇资产卖给中央银行,从而导致中央银行基础货币增加的过程。① 在这一过程中,外汇资产对我国基础货币的影响机制为:外汇供给增加→中央银行进入外汇市场购入外汇→基础货币投放增加。这一影响途径被称为"汇率安排机制"。"汇率安排机制"揭示了外汇资产与基础货币同方向变化的规律,即 $B'(FA)>0$,其中 B 表示基础货币,FA 表示外汇资产。

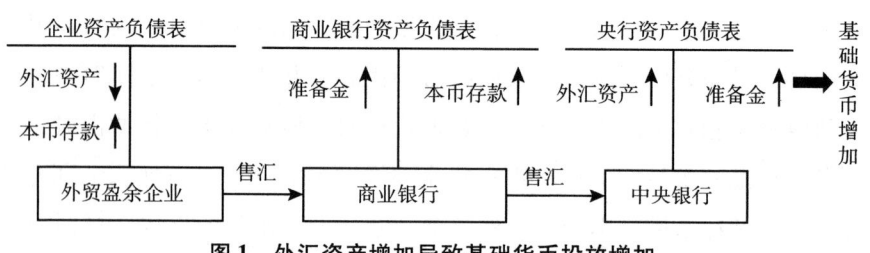

图1 外汇资产增加导致基础货币投放增加

图2显示了在外汇资产不断增长的环境下,为了控制货币供应量过快增长带来高通胀的压力,我国中央银行通过发行央行票据对冲基础货币投放,通过提高法定存款准备金率控制商业银行信贷扩张能力。这样操作的结果是中央银行的负债中准备金下降,央行票据上升,而央行票据是不计算在基础货币中的,因而基础货币减少。这就是中央银行通过发行央行票据冲销基础货币投放的过程。

---

① 1994~2008年,我国长期实行强制结售汇制度。2008年结售汇制度取消,但人民币升值预期的存在,导致以外贸盈余企业为代表的外汇资产收入者不愿持有大量外币资产,仍然选择售汇给商业银行。中央银行为了维持人民币汇率稳定,积极干预外汇市场,在银行间外汇市场大量买入外汇资产卖出人民币。

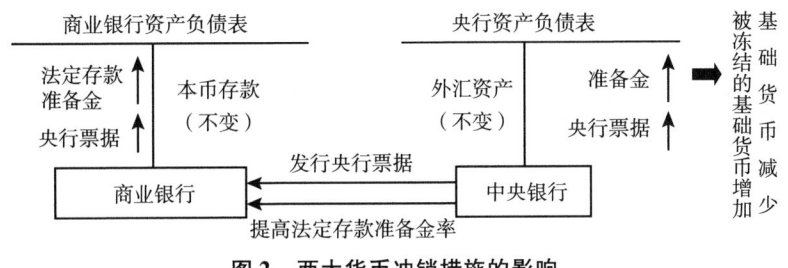

附录1 我国外汇储备对宽松货币政策传导的影响

```
商业银行资产负债表              央行资产负债表
                                                    被
法定存款↑                                           冻   基
准备金   本币存款      外汇资产    准备金↑          结   础
        (不变)       (不变)                       的   货
央行票据↑                        央行票据↑         基   币
                                                    础   减
                发行央行票据                         货   少
    商业银行 ←──────────── 中央银行                币
              提高法定存款准备金率                   增
                                                    加
```

图2　两大货币冲销措施的影响

图3显示了中央银行冲销措施给商业银行带来的短期影响。在商业银行负债方持有的存款不变的情况下，在资产方持有更多央行票据和法定存款准备金，这样，商业银行短期内的信贷能力受到限制。即短期内，两大方面的冲销措施可以通过减小基础货币供给和降低商业银行信贷规模来控制货币供应量。

```
中央银行     发行央行票     商业银行     基础货币     信贷供给     信贷供给
采取货币  →  据，提高法  →  货币派生  →  减少，基  →  和货币供  →  能力下降，
冲销措施     定存款准备     权利变小     础货币可     应量减少     信贷增长
             金率                        扩张倍数                  速度减缓
                                         减小
```

图3　货币冲销措施短期内抑制商业银行信贷扩张

图4显示了两大货币冲销措施的长期实施，导致商业银行积累大量央行票据，并持有较多的法定存款准备金，带来商业银行体系内的流动性过剩问题。(准备金存款+债券)/总资产是衡量商业银行流动性的重要指标之一。央行票据的不断发行致使商业银行持有的票据资产或债券资产增加，法定存款准备金率的连续上调导致商业银行法定准备金存款增加，提高了商业银行流动性。商业银行在流动性充足的情况下希望将更多的资金运用出去，产生收益，其信贷供给的能力和意愿较强。在信贷需求强烈的市场环境下，商业银行信贷交易增加。因此，发行央行票据和提高存款准备金率在另一方面提高了商业银行的信贷供给能力和信贷规模。

信贷供给增加，信贷规模上升 ← 信贷供给能力和意愿增加 ← 持有的央行票据增加，存款准备金增加 ← 商业银行流动性增加 ← 发行央行票据，提高法定存款准备金率 ← 中央银行采取货币冲销措施

图4　货币冲销措施长期内提高了商业银行信贷供给能力

（二）三次危机时期货币冲销措施与商业银行流动性

1998年亚洲金融危机时期，中国外汇储备余额较少。1997年末外汇储备余额为1398.9亿美元。1998年当年金融机构新增外汇占款也仅为261亿元。当时的外汇占款只占基础货币来源的40%，基础货币的主要来源为货币当局对金融机构债权。央行没有发行票据对冲基础货币的需要，此时的票据发行量和余额均为零。法定存款准备金率从1988~1997年一直保持在13%。1998年3月，法定存款准备金率从13%下调到8%。这一时期，外汇储备的增长缓慢，并没有带来商业银行流动性过剩的问题。此时的商业银行流动性偏低，存款是贷款的1.11倍。

2008年次贷危机时期，中国外汇储备规模巨大。2007年末中国外汇储备余额已经达到15282.49亿美元，是1997年末的10倍多。2001年之后新增外汇占款每年递增，2008年当年金融机构新增外汇占款高达40054亿元。持续高速增长的外汇占款导致大量基础货币的被动投放。2002年以前，中央银行主要通过在公开市场上进行债券正回购来回笼基础货币，但2002年以来，在外汇占款规模快速增长的背景下，货币当局国债资产的不足制约了正回购的操作空间。为了增加公开市场业务操作工具，加强对基础货币的调控力度，货币当局选择发行中央银行票据作为对冲净国外资产的主要工具。2002年9月，中国人民银行将未到期的正回购品种转换为同期限的央行票据，共1937.5亿元。2003年4月，人民银行开始直接发行央行票据，2003年共发行票据7938亿元。2003到2008年，央行票据发行额逐年递增，2008年当年共发行央行票据42960亿元。与此同时，外汇资产的不断积累迫使法定存款准备金率不断上调，2006年上调3次，2007年上调10次，2008年1~6月上调6次。2008年6月，法定存款准备金率已达到17.5%。2001~2008年6月，央行票据发行量逐年增多，法定存款准备金率逐年提高，为商业银行积累了大量流动性。2008年，商业银行存贷比上升到了1.54，即存款是贷款的1.54倍。

2015年经济结构调整时期，经济面临下行压力，此时中国外汇储备余额规模依然庞大，但余额规模自2001年来首次下降。2014年底外汇储备余额为38430.18亿美元，2015年末为33303.62亿美元。事实上，2010年之后，每年新增外汇占款出现逐年下降的趋势。2010年新增外汇占款32683亿元，2014年新增外汇占款下降到7787亿元，2015年外汇占款负增长28232亿元。与外汇占款增速下降相对应，央行票据的发行量自2010年之后也逐年减少。其中2012年、2014年和2015年央行票据发行量都为0。金融机构法定存款准备金率自2011年后保持在较高水平，2015年连续5次下调。大型金融机构法定存款准备金率从2014年末的20%下调到2015年末的17%，中小型金融机构法定存款准备金率从2014年末的16.5%下调到2015年末的13.5%。随着央行票据发行量下降和法定存款准备金率的下调，商业银行流动性也有所下降，2015年商业银行存贷比为1.44。具体如表1所示。

表1　外汇增长和货币冲销带来的商业银行流动性积累

年份	新增外汇储备（亿美元）	央行票据发行（亿元）	法定存款准备金率（%）	商业银行存贷比（%）
1996	314.32	0	13	112
1997	348.61	0	13	110
1998	50.69	0	8	111
1999	97.16	0	6	116
2000	108.99	0	6	125
2001	465.91	0	6	128

续表

年份	新增外汇储备（亿美元）	央行票据发行（亿元）	法定存款准备金率（%）	商业银行存贷比（%）
2002	742.42	0	6	130
2003	1168.44	7938	7	131
2004	2066.81	14961	7.5	136
2005	2089.4	27662	7.5	148
2006	2474.72	36523	9	149
2007	4619.05	40571	14.5	149
2008	4177.81	42960	14.75	154
2009	4531.22	38240	14.5	150
2010	4481.86	42350	16.75	150
2011	3338.1	14140	19.25	148
2012	1304.41	0	18.25	146
2013	5097.26	5262	18.25	145
2014	217.03	0	18.25	139
2015	-5126.56	0	15.25	144

资料来源：中经网统计数据库和作者计算整理。

三、外汇储备、公众预期与市场信心

（一）理论机制

1. "流动性陷阱理论"及其扩展

1936年，凯恩斯在《就业、利率和货币通论》中提出"流动性陷阱"假说，认为利率水平达到零或接近零时，债券与货币完全可替代，公众不会再投资债券而选择持有货币。从而导致货币的需求弹性趋于无穷大，货币当局无论发行多少货币，都会被人们储存起来。即一旦短期名义利率达到零下限，更多的货币供给无法增加产出，无法改变价格，导致货币政策完全失效。

1969年，弗里德曼给出了不同观点，认为货币当局在零利率或极低利率下可以通过继续货币扩张，从而改变公众预期；认为央行甚至可以跨越金融中介，直接向企业和消费者放贷并创造货币，从而帮助实体经济走出"流动性陷阱"。

1988年，克鲁格曼提出期间优化选择模型，对"流动性陷阱"给出了自己的阐述。克鲁格曼认为，当利率下降到非常低的水平时，人们不一定会增加手持货币，也可能将钱大量地存入银行变为储蓄，但投资者和商业银行对未来经济的悲观预期导致这些储蓄无法被转化为投资，从而导致经济陷入"流动性陷阱"。克鲁格曼在"流动性陷阱"的分析中引入预期因素，认为市场投资意愿受到经济前景和投资回报预期的影响，消费者的消费意愿受到其对未来收入和支出水平预期的影响。一旦投资者和消费者陷入悲观预期，宽松型货币政策效果将很难实现。预期的引入对古典"流动性陷阱"是一个重要修正，将产生"流动性陷阱"的主要原因归结于悲观预期带来的有效需求不足和生产下降，可以看作是对凯恩斯流动性陷阱理论的深化发展，也被称为广义的流动性陷阱。

2. 预防性动机的外汇储备持有理论

赫勒（Heller，1966）提出了基于预防性动机的外汇储备持有理论，认为金融危机爆发之前，发展中国家可能会出现大量国际资本外逃和国际融资的困难。如果一国外汇储备充裕，则能够有效阻止国际"热钱"有预谋地对本国金融市场的冲击，有利于维护国内金融市场稳定和增强公众对本国经济前景的信心，避免出现市场恐慌和进一步的资本外逃，阻止金融危机的爆发和经济衰退的出现。如果外汇储备持有量不足，则该国需要通过削减财政支出、控制投资和消费等支出转化措施进行调节，这可能会导致消费需求下降、失业率上升甚至较为严重的经济衰退。爱德华兹（Edwards，1983）注意到，固定汇率制国家需要更多的外汇储备以预防金融危机，而实行浮动汇率制的国家体现不出预防性动机。

20世纪90年代，为了应对资本账户逆转风险，一些学者提出了自我保险理论，认为发展中国家常面临国内资本外逃风险和外部融资危机，需要通过自身囤积外汇储备来应对资本外逃可能给经济带来的冲击，视国际储备为产出的稳定器。

萨克斯等（Sachs et al, 1996）建立了一个以汇率为核心的金融风潮分析模型。该模型表明在贬值预期的支配下，居民抢购外汇和资本外逃可能导致货币危机。如果缺乏充足的外汇储备，政府只能通过紧缩货币政策，即提高利率来缓解资本外逃，稳定汇率，但这会伤害国内经济。但是如果拥有充足的外汇储备，货币当局通过抛售外汇储备购买本币能够稳定汇率并稳定市场信心，以避免货币危机的发生。

综合"流动性陷阱"理论和"预防性动机"的外汇储备持有理论，在经济受到危机冲击和发生资本外流时，充足的外汇储备规模有助于稳定市场信心，而稳定的市场信心和乐观的市场预期可以避免经济陷入"流动性陷阱"，有助于宽松货币政策效果的顺利实现。

（二）三次危机时期外汇储备规模与市场信心比较

1998年亚洲金融危机爆发时期，我国外汇储备余额较少，仅为1449.59亿美元。而且外汇储备增长缓慢，1997年和1998年，外汇储备实际余额分别只同比增长了11%和9%。亚洲金融危机时期，国内消费者信心明显不足。1998年、1999年和2000年社会消费品零售额增长速度分别约为9%、7%和10%。投资者也缺乏信心，1998年、1999年和2000年全社会固定资产投资同比增长率分别为14%、5%和10%。

2008年次贷危机时期，我国外汇储备余额已经积累到了较大规模，约为1.5万亿美元，用10年时间增长到了1998年余额的10倍。李劲松（2013）认为2008年我国外汇储备适度规模上限5851.71亿美元，下限2402.99亿美元。2008年末我国外汇储备实际余额达到适度规模上限的近3倍，占当年GDP的23.9%。虽然受到次贷危机的冲击，2007年和2008年我国外汇储备依然保持高速增长，实际余额同比增长率分别高达43%和27%。次贷危机的爆发导致美国金融市场流动性短缺问题严重，部分大金融机构破产或被政府接管。但在外汇储备大规模积累并保持快速增长的背景下，中国市场流动性充足，很多市场主体认为次贷危机对中国经济影响较小，中国政府完全有能力应对，市场预期乐观。当货币当局宣布下调法定存款准备金率和基准利率时，更多市场主体看到的不是次贷危机的冲击，而是中国马上要迎来的高通胀。受市场信心和高通胀预期的影响，消费和投资都保持了较快增长。2008年、2009年和2010年社会消费品零售额分别约同比增长22%、16%和23%，全社会固定资产投资分别约同比增长26%、30%和24%。

2015年经济下行压力加大时期，我国外汇储备余额规模更加巨大，达到3.3万亿美元。但增长速度下降，与2008年末余额相比，用7年时间只增长到2倍。与2014年末相比，出现2002年以来的首次同比下降，2014年末外汇储备余额为3.8万亿美元，2015年减少了0.5万亿美元。事实上，自2013年以来，外汇储备增长速度下降幅度加大。2013年、2014年和2015年，外汇储备余额同比增长率分别为15%、1%和-13%，下降趋势明显。国际资本外逃，加上政府对产能过剩的调整政策，使市场上投资者信心指数总体下降。中国人民银行发布的"企业家信心指数"季度数据显示，2014年四季度的信心指数为61%，2015年四季度下降到46%，2016年一季度下降到43.7%。2014和2015年全社会固定资产投资分别同比增长15.2%和9.8%。消费者信心方面，受到政府靠消费拉动经济的政策支持，网上购物便捷性的推动，以及物价上涨速度得到控制，消费者信心指数稳定在一个较高水平。2014年和2015年社会消费品零售额分别同比增长24%和27%。如表2所示。

表2　危机时期外汇储备存量与增量对市场信心的影响

危机时期	年份	外汇储备 余额（亿美元）	外汇储备 同比增长（%）	消费者信心 社会消费零售总额增长率（%）	投资者信心 全社会固定资产投资增长率（%）
亚洲金融危机时期	1998	1450	4	8.7	13.9
	1999	1547	7	6.8	5.1
	2000	1656	7	9.7	10.3

续表

危机时期	年份	外汇储备余额（亿美元）	同比增长（%）	消费者信心 社会消费零售总额增长率（%）	投资者信心 全社会固定资产投资增长率（%）
美国次贷危机时期	2008	19460	27	21.6	25.9
	2009	23992	23	15.5	30.0
	2010	28473	19	23.3	23.8
经济结构调整时期	2014	38430	1	24.2	15.2
	2015	33304	-13	27.2	9.8

资料来源：中国统计局网站和作者计算整理。

总结来看，1998年亚洲金融危机时期，外汇储备余额规模小且增速缓慢，社会消费者和投资者信心不足。2008年金融危机时期，我国外汇储备余额规模巨大，且保持高速增长，消费者和投资者信心充足，预期乐观。2015年经济下行时期，外汇储备余额规模实现进一步积累，但是增速明显放缓，甚至出现负增长，投资者信心不足，但消费者信心稳定。

四、三次危机时期宽松货币政策实施及其效果对比

根据前文的分析，由于三次危机时期，外汇储备余额规模和增长速度的差别，带来了商业银行流动性状况和市场预期的不同，导致三次宽松货币政策效果存在较大差异。

（一）三次宽松货币政策实施力度和时间跨度

为了对比三次宽松货币政策的实施力度和时间跨度，我们选取三个政策工具变量，分别是3年期定期存款基准利率（后文简称为存款基准利率）、3~5年中长期贷款基准利率（后文简称为贷款基准利率）、法定存款准备金率。对比分析这三个变量在三次宽松货币政策时期的变化

方向和变化幅度。

1998年亚洲金融危机时期，宽松货币政策的实施力度较大，持续的时间也较长。1998年3月下调法定存款准备金率5个百分点；7月和12月两次下调存款基准利率2.07个百分点。3月、7月、12月三次共下调贷款基准利率2.7个百分点；1999年6月又一次性下调贷款基准利率1.44个百分点，下调存款基准利率0.97个百分点。1999年11月下调法定存款准备金率2个百分点。2002年2月又再次降低法定存、贷款基准利率。直到2003年9月才开始转变货币政策方向，提高法定存款准备金率为7%。

2008年次贷危机时期，宽松货币政策持续时间较短。2008年9月份开始实施宽松货币政策，9~12月连续四次下调中小金融机构法定存款准备金率4个百分点，三次下调大型金融机构法定存款准备金率2个百分点；五次下调贷款基准利率共1.98个百分点；三次下调存款基准利率共2.07个百分点。这种宽松货币政策持续到2009年12月。2010年1月开始收紧货币政策，提高大型金融机构法定存款准备金率0.5个百分点。2010年10月同时上调存、贷款基准利率和中小型金融机构法定存款准备金率。

2015年经济下行时期，宽松货币政策2月份开始实施。2~10月，五次下调金融机构法定存款准备金率3个百分点，3~10月，五次下调存款基准利率共1.25个百分点，五次下调贷款基准利率共1.25个百分点。2016年3月再次下调金融机构法定存款准备金率0.5个百分点。适度宽松货币政策方向还在持续。

总结来看，1998年亚洲金融危机时期的宽松货币政策实施力度最大，持续时间最长。2008年次贷危机时期的宽松货币政策实施力度较大，持续时间最短。2015年经济下行时期的宽松货币政策实施力度最小，将会持续多长时间还未知。如表3所示。

表 3　　三次危机时期宽松货币政策实施的时间跨度和调控力度

年份	3年期定期存款基准利率	3~5年中长期贷款基准利率	法定存款准备金率
1998年3~12月	两次下调2.07个百分点	三次下调2.7个百分点	一次下调5个百分点
2008年9~12月	三次下调2.07个百分点	五次下调1.98个百分点	四次下调中小金融机构4个百分点，三次下调大型金融机构2个百分点
2015年2~12月	五次下调1.25个百分点	五次下调1.25个百分点	五次下调3个百分点

资料来源：中国人民银行网站和作者整理。

(二) 三次宽松货币政策实施效果比较

虽然1998年央行实施了较大力度的宽松货币政策，但是效果不明显，这导致宽松货币政策一直持续，直到2003年才转变货币政策方向。1998年3月开始实施扩张性货币政策，但从各项数据来看，刺激经济增长的政策目标并没有实现。1998年、1999年和2000年固定资产投资完成额分别同比增长12.3%、6.2%和8.1%；金融机构各项贷款余额分别同比增长15.5%、8.3%和6.0%；GDP分别同比增长7.85%、7.62%和8.43%。1998年亚洲金融危机时期，外汇占款增长对基础货币供给增长的内生性影响减弱，中央银行通过增加再贷款扩张基础货币供给。1998年货币当局对"其他存款性公司"和"其他金融性公司"债权占基础货币余额的比率为51.1%，1999年和2000年这一比率分别上升到57.1%和60.6%。但是在基础货币增长幅度持续提高的情况下，广义货币供给M2的增长速度却呈持续下降趋势。1998年、1999年和2000年，M2增长速度分别为14.8%、14.7%和12.3%，CPI分别同比－0.8%、－1.4%和0.4%，不仅没有出现通货膨胀，反而表现出持续的通货紧缩。因此，亚洲金融危机时期，从固定资产投资增长、金融机构信贷规模增长、GDP增长、货币供给增长和CPI五个方面来看，中央银行实施的宽松货币政策都没有实现预期效果,货币政策传导受阻。

从季度数据来看,2000年一季度开始,消费、投资、三大产业增长和CPI增长都有所提速,但增速缓慢而且不稳定。2000年四季度消费和投资增长率明显回落。各项指标在宽松货币政策实施的三年内季度平均值偏低,尤其是CPI平均值为负。从产业结构来看,经济增长主要靠第一产业和第三产业拉动,第二产业的平均增速最低,仅为1.3%,如表4所示。

表4　　　　　1998年亚洲金融危机时期宽松货币政策效果　　　　单位:%

时间	消费增长率	投资增长率	第一产业增长率	第二产业增长率	第三产业增长率	CPI增长率
1998年一季度	7.6	9.5	4.0	5.8	4.1	0.3
1998年二季度	7.4	10.4	2.4	0.6	2.7	-0.9
1998年三季度	11.4	32.9	2.5	1.3	3.3	-1.4
1998年四季度	8.3	5.4	4.5	3.3	5.4	-1.1
1999年一季度	6.6	25.0	4.4	1.2	4.7	-1.4
1999年二季度	4.5	10.8	5.3	-0.1	5.5	-2.2
1999年三季度	7.9	0.8	5.4	-0.5	5.0	-1.2
1999年四季度	8.0	4.1	6.7	-1.2	5.8	-0.8
2000年一季度	10.4	10.5	9.2	1.6	8.9	0.1
2000年二季度	9.8	13.7	12.0	0.5	11.5	0.1
2000年三季度	9.4	16.8	13.1	1.8	12.7	0.3
2000年四季度	9.2	1.1	12.5	0.9	11.2	0.9
均值	8.4	11.8	6.8	1.3	6.7	-0.6

资料来源:中国统计局网站和作者计算整理。

2008年次贷危机时期,与1998年亚洲金融危机时期完全不同,扩张性货币政策实施后效果很快显现。2008年、2009年和2010年固定资产投资完成额分别同比增长25.9%、30.0%和23.8%;金融机构各项贷款余额分别同比增长15.9%、31.7%和19.9%;GDP分别同比增长9.62%、9.24%和10.63%。2008年美国次贷危机时期,外汇占款增长对基础货币供给增长的内生性影响也有所减弱，中央银行通过减少央行票据的发行减小货币冲销力度，加上之前央行票据到期的基础货币投放效应，使基础货币供给增长速度提高。基础货币稳定增长的同时，中央银行下调存贷款利率和法定存款准备金率等宽松性货币政策，使得广义货币供给 M2 的增长速度加快。2008年、2009年和2010年，M2 增长速度分别为 17.8%、27.7% 和 19.7%，CPI 分别同比 5.86%、-0.69% 和 3.32%，物价上涨速度较快。美国次贷危机时期，从固定资产投资增长、金融机构信贷规模增长、GDP 增长、货币供给增长和 CPI 五个方面来看，此次宽松货币政策刺激投资增长和货币供给扩张的政策目标顺利实现，甚至超出预期，迫使中央银行从 2010 年开始转变货币政策方向，将货币政策重心转变为治理通货膨胀。

从季度数据来看，2008 年 9 月开始实施宽松货币政策，效果在 2009 年二季度已经开始显现。消费、投资、三大产业增长和 CPI 增长从 2009 年二季度之后开始提速，并呈现持续上升的趋势。到了 2010 年，经济已经表现出过热现象，CPI 增速从 2010 年一季度的 2.2%，上升到四季度的 4.7%，央行货币政策转为适度紧缩。从产业结构来看，2010 年三大产业都保持两位数的高速增长，第二产业对经济的拉动作用明显提高。2008~2010 年第二产业平均增速是 15%，如表 5 所示。

表 5　　　　2008 年次贷危机时期宽松货币政策效果　　　　单位：%

时间	消费增长率	投资增长率	第一产业增长率	第二产业增长率	第三产业增长率	CPI 增长率
2008 年三季度	23.2	28.8	18.2	19.1	18.5	5.3
2008 年四季度	20.6	23.3	11.2	11.8	14.5	2.5
2009 年一季度	15.0	28.6	0.8	3.0	11.0	-0.6
2009 年二季度	15.0	35.9	1.4	3.0	11.9	-1.5
2009 年三季度	15.4	32.9	2.6	6.2	14.2	-1.3
2009 年四季度	16.5	26.2	8.9	13.9	15.2	0.6

续表

时间	消费增长率	投资增长率	第一产业增长率	第二产业增长率	第三产业增长率	CPI增长率
2010年一季度	23.7	26.4	11.3	20.9	16.8	2.2
2010年二季度	23.8	25.2	14.1	20.4	17.3	2.9
2010年三季度	23.9	23.1	17.2	18.4	17.9	3.5
2010年四季度	22.0	23.9	15.6	19.2	18.4	4.7
均值	19.9	27.4	12.7	15.0	16.3	1.8

资料来源：中国统计局网站和作者计算整理。

面对结构调整过程中出现的经济下行压力，2015年2月份开始实施的宽松货币政策注重预调微调，加强政策的信号和结构引导作用，支持经济结构调整和转型升级。从2015年一季度到2016年三季度数据来看，有专家判断中国经济已处于"L型"下半段，也有学者认为拐点仍然未过。从消费、投资、三大产业增长和CPI增长数据看，各项指标表现明显好于1998年亚洲金融危机时期，但是远低于2008年次贷危机时期。总体上，稳健货币政策保持了流动性合理充裕，货币信贷和社会融资规模平稳较快增长，这给中国经济调整带来较大回旋余地。结构调整的积极推进取得明显效果，2015年一季度到2016年三季度，季度消费增长率平均值为12.8%，远高于投资增长率平均值的9.6%，第三产业增加值增长率是第二产业增加值增长率的5倍，第三产业增加值占GDP比重超过50%，如表6所示。政府供给侧改革的决心将会带来中国经济在未来一段时间内的低速增长和结构优化。

表6　　　　2015年经济结构调整时期宽松货币政策效果　　　单位：%

时间	消费增长率	投资增长率	第一产业增长率	第二产业增长率	第三产业增长率	CPI增长率
2015年一季度	13.9	13.5	3.7	2.0	10.7	1.2
2015年二季度	14.1	10.5	7.2	1.8	12.1	1.4

续表

时间	消费增长率	投资增长率	第一产业增长率	第二产业增长率	第三产业增长率	CPI增长率
2015年三季度	14.7	8.5	2.3	0.4	12.0	1.7
2015年四季度	15.8	8.9	4.6	0.4	11.9	1.5
2016年一季度	10.3	10.7	13.3	1.0	11.1	2.1
2016年二季度	10.2	8.1	6.4	3.5	10.6	2.1
2016年三季度	10.5	7.1	2.6	5.4	10.9	1.7
均值	12.8	9.6	5.7	2.1	11.3	1.7

资料来源：中国统计局网站和作者计算整理。

五、小结

我国的实际数据表明，在1998年亚洲金融危机时期、2008年美国次贷危机时期和2015年经济下行危机时期，中央银行都实施了宽松货币政策，但是三次货币政策的传导效果有很大差异。1998年3月开始实施的宽松货币政策传导受阻，货币总供给增长速度不但没有提高，反而下降，物价指数在1998年和1999年两年时间内都表现为负增长。而2008年9月开始实施的宽松货币政策传导非常顺畅，货币总供给增长速度在短时间内大幅度提高。经济增速和物价指数都表现出V型变化趋势，2010年一季度开始出现了经济过热和通货膨胀，政策效果超过货币当局的预期目标。2015年2月开始实施的宽松货币政策主要是为了配合供给侧改革，为中国经济结构调整提供较宽松流动性环境。政策实施以来，信贷和货币供给平稳增长，物价指数呈现温和上涨趋势，流动性总体充裕合理。

本文认为外汇储备增量和存量对主动宽松货币政策传导存在重要影响。外汇资产增量和存量会通过商业银行流动性和市场信心两大机制影响宽松货币政策的传导。1998年亚洲金融危机时期，我国外汇储备增速缓慢，余额规模小，商业银行流动性不充足，亚洲金融危机的爆发对市场信心和公众预期带来较大冲击，导致投资增长缓慢、信贷需求不足和货币扩张政策传导受阻。2008年美国次贷危机时期，我国外汇储备保持快速增长，余额规模较大，商业银行因为外汇占款积聚大量过剩流动性，公众预期乐观，宽松型货币政策实施后信贷规模和货币供给超预期增长。2015年经济下行危机时期，外汇储备自2002年以来首次出现负增长，但我国外汇储备存量规模大，商业银行流动性较充裕，市场信心稳定，宽松货币政策传导相对顺畅，为供给侧改革提供良好的回旋余地。因此，我们认为，外汇储备的增量和存量规模对我国三次主动宽松货币政策的传导都具有影响效应，并带来三次政策效果的差异。货币当局在把握宽松货币政策实施力度时，需要考虑外汇储备增量与存量规模给商业银行流动性和公众预期带来的影响。

本文参考文献

[1] 岳意定，张璇. 我国外汇储备对基础货币影响的实证研究 [J]. 世界经济研究，2007（1）.

[2] 黄武俊，陈漓高. 外汇资产、基础货币供应与货币内生性——基于央行资产负债表的分析 [J]. 财经研究，2010（1）.

[3] 谷宇，韩国高. 后危机背景下基于预防动机的中国外汇储备需求研究 [J]. 国际金融，2011（4）.

[4] 黄志刚. 经济波动、超额准备金率和内生货币——基于信贷市场资金搜寻和匹配视角 [J]. 经济学（季刊），2012（3）.

[5] 苏飞. 市场预期在我国货币政策传导机制中的作用研究——基于结构因子向量自回归模型 [J]. 国际金融研究，2012（8）.

[6] Rudiger Bachmann, Eric R. Sims. Confidence and the Transmission of Government Spending Shocks [J]. Journal of Monetary Economics, 2012（59）.

[7] R. Bachmann, S. Elstner, E. Sims. Uncertainty and Economic activity: Evidence from Business Survey Data [J]. American Economic Journal, 2013, 5（2）.

[8] 孙彬，杨朝军. 市场期望与流动性的联动性研究——基于美国次贷危机的

经验证据 [J]. 金融监管研究, 2013 (1).

[9] 于泽, 罗瑜. 中国货币性质再检验与通货膨胀成因 [J]. 管理世界, 2013 (10).

[10] 范从来, 王勇. 中国"货币超发": 判断标准、成因及其治理 [J]. 经济理论与经济管理, 2014 (3).

[11] 陈红, 郭丹, 张佳睿. 货币政策传导信心渠道研究 [J]. 当代经济研究, 2015 (12).

[12] 姚登宝, 刘晓星, 张旭. 市场流动性与市场预期的动态相关结构研究——基于 ARMA – GJR – GARCH – COPULA 模型分析 [J]. 中国管理科学, 2016 (2).

附录 2

中国不同时期短期国际资本流动影响因素比较[*]

夏春莲[**]

中国经济与世界经济的联系越来越紧密，其中一种重要的联系渠道就是国际资本流动。长期国际资本流动较稳定，短期国际资本流动的速度、方向与和规模都具有不稳定性，更容易对经济体造成冲击。中国于1990~2002年出现短期国际资本净流出，于2003年1月~2011年9月出现短期国际资本净流入，而2011年10月~2012年末则出现短期国际资本外逃加剧。根据已有研究文献可知，学者们认为中国短期国际资本流动的影响因素主要是国内外利差、汇率、股价收益率和房价收益率。但是，这四大影响因素并非总是同时起作用。而目前鲜有文献探讨在某一时间段是哪些影响因素在起作用。本文分时期对中国短期国际资本流动的影响因素进行分析，有利于更好地理解中国短期国际资本流动发生波动和逆转的原因。

一、文献综述

国内外有关短期国际资本流动影响因素的实证研究成果颇为丰富，其中国内外利差、汇率、股价收益率和房价收益率4种套利动机成为被

---

[*] 本文发表于《技术经济》2014年第5期。
[**] 夏春莲：武汉大学 经济与管理学院。

考察的重点。其中，利差和汇率较早被关注；随着股票市场的发展、多国房地产泡沫的形成，股市和房市收益率的影响受到后期研究者的重视。

（一）国外研究文献

卡尔沃（Calvo）对大量国际资本流入拉丁美洲国家的现象进行了研究，认为美国经济衰退和世界利率水平较低等外部环境是引起国际资本流动的主要原因[1]。弗兰克尔和奥孔古（Frankel and Okongwu）研究了1987~1994年拉丁美洲和东亚共9个发展中国家的利率与美国利率间的关系，认为美国利率变动对这些国家的国际资本流动和国内利率水平都有显著影响[2]。斯尔若尼斯（Siourounis）使用美国、英国、德国、日本和瑞士共5个发达国家的数据分析了国际资本流动与汇率间的关系，认为国内股市收益率优势会引起短期国际资本的流入，国内利率优势会引起长期国际资本的流入，而这些国际资本流动又引起汇率变动[3]。杜安和森（Dua and Sen）分析了印度1993年2季度~2004年1季度的数据，认为实际汇率与国际资本流动存在相互的Granger因果关系[4]。沃曼尼（Virmani）对印度国际资本流动的研究认为外商直接投资和间接投资主要受经济增长预期的影响，而国债和商业票据等跨国债务资本流动主要受国内外利差和汇率的影响[5]。弗拉茨舍、尤维纳利斯和萨尔诺（Fratzscher, Juvenal and Sarno）的实证检验结果认为一个标准差的股票市场冲击加上一个标准差的房价冲击共可以解释美国国际收支平衡表32%的变动[6]。谢克特（Schertler）等通过对欧洲和北美一些国家的研究，发现由较高经济增长预期带来较高股市收益率的国家会吸引更大规模的国际风险投资资本的流入[7]。费雷罗（Ferrero）通过分析2001~2006年30多个国家的数据发现房价和金融账户赤字存在显著的负相关关系，给出了房价与国际资本流动相互关系的国际证据[8]。

（二）国内研究文献

国内文献主要针对中国短期国际资本流动的影响因素进行研究。王琦估算了1985~2003年中国资本流动规模的年度数据，认为中美利差、人民币汇率、开放度和政策变量对资本流动都有显著影响，其中汇率对国际资本流动的解释力最强[9]。刘立达使用1982~2004年的半年度数据，发现利差对长期国际资本（直接投资FDI）和短期国际资本流动的影响都不显著[10]。张谊浩、裴平和张先明分析了中国1996~2005年的短期国际资本流动，认为国内外利率水平、人民币升值预期和固定资产投资价格变动对短期国际资本投资具有显著影响，其中套价对短期资本流动的影响大于套汇[11]。王世华和何帆对比了中国1990~2002年短期国际资本的外逃和2003~2006年短期国际资本的净流入，认为人民币升值预期对资本流动的影响较大，利差的影响相对较小[12]。张谊浩和沈晓华计算了2005年7月~2007年9月中国"热钱"流入规模的月度数据，通过Granger因果关系检验表明人民币升值和上证综合指数上涨是"热钱"流入中国的原因[13]。赵文胜、张屹山和赵杨对1997年1月~2009年12月的中国短期国际资本流入规模建立VAR模型，发现短期国际资本流动对房地产市场的冲击反应程度最强，对人民币升值和中美利差的冲击反应适度，对股票市场的冲击反应较弱[14]。吕光明和徐曼估算了2002年1月~2011年6月中国短期国际资本流动规模的月度数据，通过VAR模型分析认为汇率对短期国际资本的驱动作用最强且主要表现为预期汇率的驱动，股价收益率和房价收益率的驱动作用次之，利差因素的影响极弱[15]。

上述文献所研究的历史时期不同，因此侧重点和结论有所差异，但综合来看，国内外利差、汇率、股价收益率和房价收益率被认为是影响短期国际资本流动的四大主要因素。本文在上述文献研究结论的基础上，将历史时期进行细分，具体分析在不同时间段内中国短期国际资本流动影响因素的不同，以更好地认识中国短期国际资本流动的变化。

二、中国短期国际资本流动情况及其影响因素

2002年之前中国主要面临短期国际资本流出，2003年之后短期国

际资本开始进入中国套利。本文使用 2003 年 1 月~2012 年 12 月的月度数据描述中国短期国际资本流动规模及其影响因素的变化。

（一）基本情况

已有研究文献中短期国际资本流动的测算方法可被归纳为 3 种——直接法、间接法和混合法。在估算月度数据时，由于数据频度高，因此研究者们根据数据的可获得性多使用如下简化的间接法计算公式：

短期国际资本流动月度数据 = 月度外汇占款增量 – 月度贸易顺差 – 月度实际利用 FDI。本文使用该计算公式估算 2003 年 1 月~2012 年 12 月中国短期国际资本流动的月度数据。其中，外汇占款数据来自中国人民银行，贸易顺差（进出口差额）和外商直接投资实际利用额（FDI）数据来自商务部官方网站，估算结果如图 1 所示。

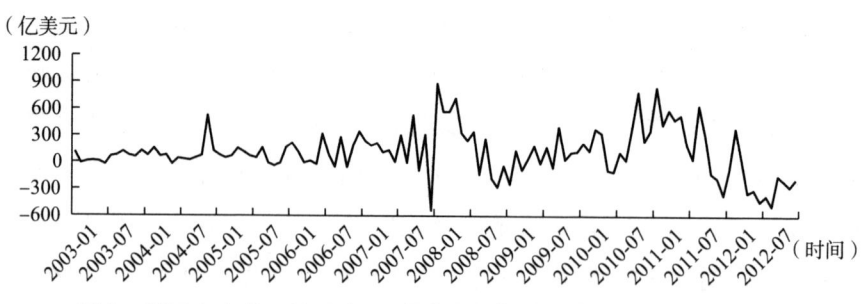

图 1　2003 年 1 月~2012 年 12 月中国短期国际资本流动的月度数据

2003 年 1 月~2012 年 12 月中国短期国际资本流入总规模为 18943 亿美元、流出总规模为 5624 亿美元、净流入为 13318 亿美元。2008 年 1~7 月以及 2010 年 7 月~2011 年 9 月出现了两个短期国际资本流入高峰，两个高峰期总时长为 22 个月。在不到 2 年的时间里，流入中国的短期国际资本共 9629 亿美元，占此期间流入总规模的 51%。在 2007 年 8~12 月、2008 年 8 月~2009 年 3 月、2011 年 10 月~2012 年 12 月三个时间段内，中国出现了短期国际资本的外流，前两次资本外流的历时较短、规模较小，但从 2011 年 10 月开始，尤其是 2012 年以后，中国的短期国际资本呈现出持续外逃的趋势。2012年中国短期国际资本的外流规模为2823亿美元,占当年流出总规模的50%。

(二) 影响因素

作为影响中国短期国际资本流动的4大主要因素,国内外利差、汇率、股价收益率、房价收益率各自也在一定周期内发生着不同的变化,这些影响因素的变化对中国短期国际资本流动带来不同的影响。

1. 国内外利差

本文以中国1年期金融机构存款基准利率代表国内利率,以美国1年期联邦基金利率代表国外利率,用国内利率减去国外利率表示国内外利差。其中,中国1年期金融机构存款基准利率数据来自中国人民银行,美国1年期联邦基金利率数据来自OECD数据库。2003~2012年国内外利差变动趋势如图2所示。

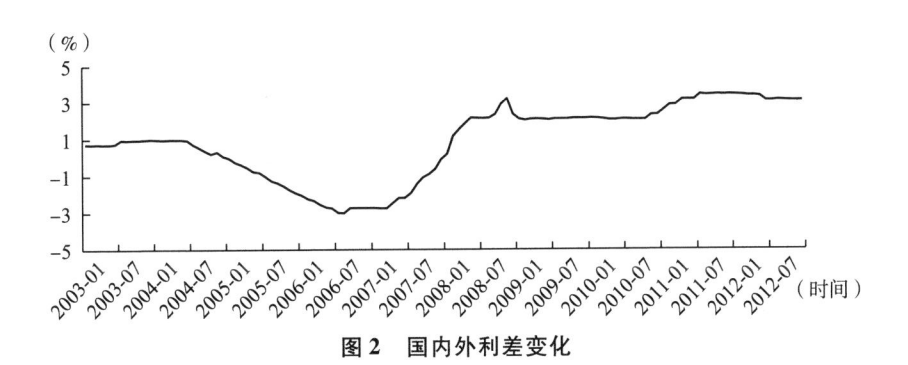

图2 国内外利差变化

根据图2,可将2003~2012年期间的利差波动过程划分为3个阶段:2003年1月~2004年12月,国内代表利率高于国外代表利率,国内外利差为正;2005年1月~2007年12月,美国经历了一个持续加息后又慢慢降息的过程,国内利率基本保持稳定,此段时期国内利率低于国外利率,国内外利差为负;2008年1月~2012年12月,美国受金融危机的影响持续保持低利率,国内利率经历了先上升后下降再上升的过程,但国内总体利率水平高于美国,国内外利差为正。

2. 人民币汇率

本文考察人民币名义汇率对中国短期国际资本流动的影响，选用人民币对美元加权平均汇率代表人民币汇率，该数据来自中国人民银行。2003～2012年人民币汇率变化趋势如图3所示。

根据图3，可将2003～2012年期间的人民币对美元汇率过程划分为4个时期，即两个汇率稳定期和两个人民币升值期：2003年1月～2005年7月，人民币对美元汇率一直稳定在均值8.2768附近；自2005年7月21日起，中国开始实行以市场供求为基础、参考一篮子货币进行调节、有管理的浮动汇率制度，同时根据中国贸易顺差程度和结构调整需要调控人民币对美元汇率。人民币对美元升值过程从2005年7月持续到2008年7月，历时2年，人民币对美元共升值14389个点，升值幅度为21%；自2008年8月开始，受美国金融危机的影响，中国出口下滑、贸易顺差压力减小，2008年8月～2010年8月美元对人民币汇率基本稳定，围绕均值6.8271上下波动，最高汇率为6.8515、最低汇率为6.7775；2010年9月以后，在国内通货膨胀的压力和国外施加升值的压力下，人民币再次进入对美元升值通道，2010年9月～2012年12月，人民币对美元共升值4562个点，升值幅度为6.8%。

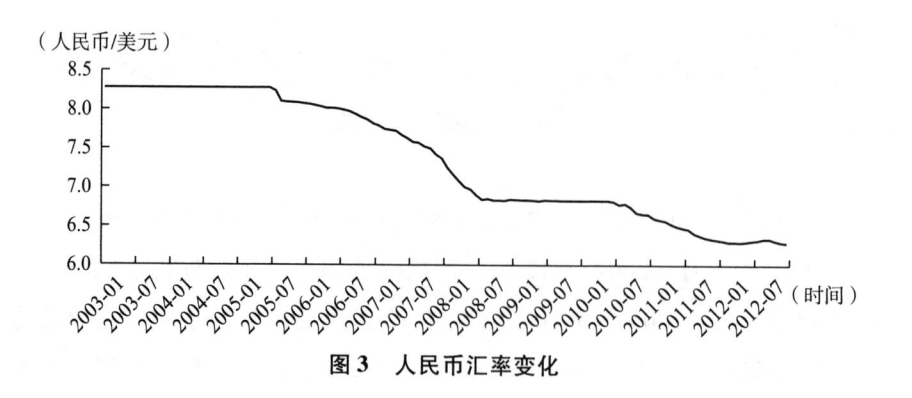

图3 人民币汇率变化

3. 股价收益率

本文使用上证综合指数当月收盘价代表中国股票价格，用股票价格环比增长率表示股价收益率,即本月股价与上月股价相比的增长百分比。上证综合指数当月收盘价数据来自中经网统计数据库。2003~2012年中国股价收益率变化趋势如图4所示。

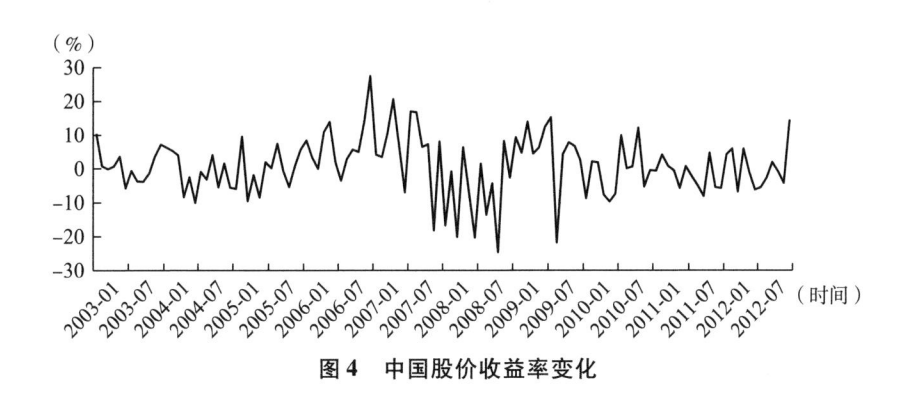

图 4 中国股价收益率变化

根据图4,可将2003~2012年期间的中国股价收益率变化过程划分为5个时期:2003年1月~2005年6月,股价收益率围绕0上下波动,30个月的平均收益率为-0.6%;2005年7月~2007年12月,最高单月收益率达到27.4%,30个月的平均收益率为5.8%;受美国金融危机的影响,2008年1~12月期间仅有3个月的股价收益率为正值,其他9个月的股价收益率全部为负值,最低单月收益率为-24.6%,12个月的平均收益率为-7.9%;2009年1月~2010年4月,最高单月正收益率达到15.3%,16个月的平均收益率为3.3%;2010年5月~2012年12月,股价收益率围绕0上下波动,31个月的平均收益率为-0.6%。

4. 房价收益率

本文使用中国商品房当月平均销售价格代表房价,用房价同比增长率表示房价收益率,即本月房价与上年同期房价相比的增长百分比。利用中经网统计数据库的相关数据计算得到商品房当月平均销售价格。2003~2012年中国房价收益率变动趋势如图5所示。

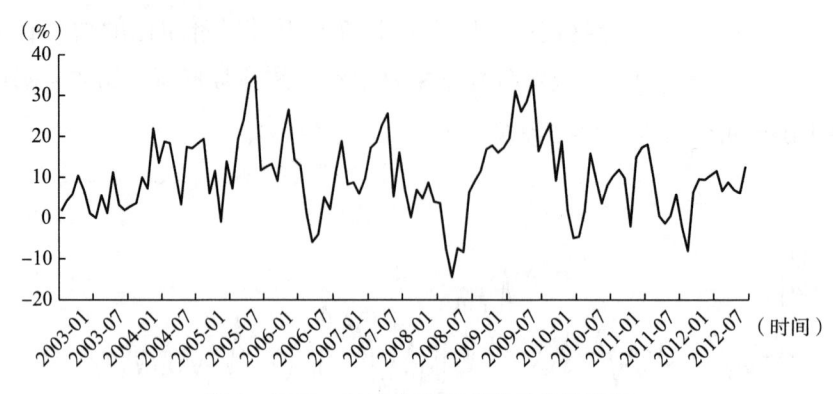

图 5 2003～2012 年中国房价收益率变化

2003～2012 年中国房价总体呈上涨趋势，仅在有限月份出现下降，但房价涨幅表现出较大波动。2003 年 1 月～2005 年 6 月，房价持续稳定上涨，30 个月的月均同比收益率为 8.9%；2005 年 7 月～2007 年 12 月，房价上涨速度加快，期间最高同比收益率为 34.8%，30 个月的月均同比收益率为 13.5%；受紧缩货币政策的影响，2008 年房价涨幅下降，其中 1～7 月期间的平均同比收益率为 5.0%，8～12 月期间的最低同比收益率为 -14.5%，2008 年的月均同比收益率为 -6.4%；随着美国金融危机的蔓延，中国货币政策转向宽松，受到信贷政策的支持，2009 年开始房价再次快速上涨，2009 年 1 月～2010 年 4 月期间的最高同比收益率为 33.6%、月均同比收益率高达 19.7%；随着国内通胀压力的加大以及国内外经济的恢复，2010 年政府开始着手控制房价，之后房价上涨速度有所减缓，2010 年 5 月～2012 年 12 月期间的最高同比收益率为 18%、最低同比收益率为 -8.1%、月均同比收益率为 6.4%。

三、不同时期中国短期国际资本流动影响因素比较

根据前文对中国短期国际资本流动的四大影响因素的描述性统计结

果可知，各影响因素随时间不断变化，有些时期只存在单一套利机会，有些时期多种套利机会并存。笔者将 2003 年 1 月～2012 年 12 月细分为 8 个时间段（见表 1），具体分析各时间段中国短期国际资本流动的主导影响因素。由表 1 可知，有 2 个时间段的月均短期国际资本净流入为负，即出现短期国际资本净流出，有其他 6 个时间段的短期国际资本净流入为正，但流入规模存在较大差异（见表 1）。

表 1　不同时间段的国际资本净流程特点及其影响因素指标值

特点	时间段	时间长度（月数）	短期国际资本流入（亿美元）	短期国际资本流出（亿美元）	净流入（亿美元）总额	净流入（亿美元）月均	月均国内外利差	月均人民币对美元汇率的变化（点）	月均股价收益率（%）	月均房价收益率（%）
短期国际资本净流出	2008 年 8 月～2008 年 12 月	5	264	637	-373	-75	2.59	-10	-7.4	-6.4
	2011 年 10 月～2012 年 12 月	12	409	6982	-6573	-548	3.26	62	-0.1	5.6
月均短期国际资本净流入量最大	2008 年 1 月～2008 年 7 月	7	3670	0	3670	524	1.60	757	-8.2	5.0
	2010 年 5 月～2011 年 9 月	17	5959	195	5764	339	2.65	261	-1.0	7.2
月均短期国际资本净流入量较大	2005 年 7 月～2007 年 12 月	30	3984	833	3151	105	-2.05	303	5.8	13.5
	2009 年 1 月～2010 年 4 月	16	2242	405	1837	115	2.09	10	3.3	19.7
月均短期国际资本净流入量较小	2003 年 1 月～2004 年 12 月	24	1890	65	1825	76	0.76	0	-0.2	8.3
	2005 年 1 月～2005 年 6 月	6	525	0	525	88	-0.46	0	-2.4	11.4

（1）短期国际资本净流出的两个时间段。2008年8~12月期间，除了国内外利差为正值外，其他3个影响因素的值都为负。这说明，此期间中国的正利差对短期国际资本的吸引力较弱。2011年10月~2012年12月期间，人民币虽有所升值但幅度小、速度慢，人民币升值对短期国际资本的吸引力不强；虽然月均房价收益率达到5.6%，但较以前明显下降，加上受政府出台的控制房价措施（如限购等）的影响，商品房市场对国际资本的吸引力被严重削弱；月均国内外利差达到所有时间段中的最高水平（3.26%），但是仍不足以吸引短期国际资本实现净流入。这再次证明，正利差对短期国际资本的吸引力非常小。

（2）月均短期国际资本净流入量最大的两个时间段。在2008年1~7月和2010年5月~2011年9月这两个时间段，国内外利差都为正值，但由前文分析可知正利差对短期国际资本的吸引力十分微弱；月均股价收益率都为负值；月均房价收益率虽然都为正值但是不高，且对短期国际资本的吸引力不强；人民币对美元迅速升值。因此，这两个时间段内的短期国际资本净流入主要是由人民币升值引致的。短期国际资本的月均净流入达到所有时间段中的最高水平，说明人民币的快速升值对短期国际资本的吸引力最强。

（3）月均短期国际资本净流入量较大的两个时间段。2005年7月~2007年12月和2009年1月~2010年4月的月均股价收益率和房价收益率在所有时间段内都是最高的，人民币也有所升值。因此，可认为这两个时间段的短期国际资本净流入是汇率、股价收益率和房价收益率共同作用的结果。

（4）月均短期国际资本净流入量较小的两个时间段。在2003年1月~2004年12月和2005年1~6月这两个时间段，人民币实际上盯住美元，汇率稳定，月均汇率上升0个点；两个时间段的股价收益率都为负值；虽然2003年1月~2004年12月的月均国内外利差为正值但较小，而2005年1~6月的月均国内外利差为负值；两个时间段的月均房价收益率都为正值。因此，这两个时间段内国内外利差、汇率和股价收益率对短期国际资本都缺乏吸引力，房价收益率成为吸引短期国际资本流入的主导因素。可见，房价对短期国际资本的吸引能力较强，当只存在房价收益率这一影响因素时，能够带来稳定的短期国际资本净流入。

四、结 语

本文将 2003~2012 年划分为 8 个阶段，分别分析了 8 个时间段内中国短期国际资本流动规模及其影响因素，主要得到以下结论：

第一，当其他影响因素对短期国际资本流动的吸引能力较差时，正的国内外利差伴随短期国际资本的净流出，说明正的国内外利差对短期国际资本的吸引能力较弱。

第二，人民币快速升值期间，短期国际资本净流入规模和速度大于其他时期，说明套汇因素对短期国际资本的引致能力最强。但人民币缓慢升值对短期国际资本的吸引力较小。

第三，整个时间期间内正股价收益率持续的时间较短，因此股价收益率对中国短期国际资本流入的总体影响较小。

第四，正的房价收益率能够引致稳定的短期国际资本净流入，说明房价收益率对短期国际资本的引致能力较强。

第五，总体来看，2003 年以来中国面临的短期国际资本净流入主要是由正的房价收益率和人民币升值引致的。

上述结论的政策启示为：首先，调整利率易吸引"热钱"流入一直被认为是利率政策的一个劣势。本文发现，中国的正利差对短期国际资本的吸引力较小，这意味着中国央行在选择货币政策工具时不必刻意回避利率调整而频繁使用存款准备金率这一工具。其次，人民币快速升值对"热钱"流入的引致能力在四大影响因素中是最强的，但人民币缓慢升值对"热钱"的吸引力较弱。为了减少人民币升值引致的短期国际资本流入，应选择均匀平滑的人民币升值路径，而非时而停止升值、时而快速升值。最后，房价收益率对短期国际资本的吸引能力较强，政府需要坚定实施并进一步完善抑制房价措施,一旦放松可能导致房地产市场泡沫产生和大量投机性"热钱"流入。

本文参考文献

[1] Calvo G A, Leiderman L, Reinhart C M. Capital inflows and real exchange rate appreciation in Latin America: the role of external factors [C]. Staff Papers – International Monetary Fund, 1993.

[2] Frankel J A, Okongwu C. Liberalized portfolio capital inflows in emerging capital markets: sterilization, expectations, and the incompleteness of interest rate convergence [C]. National Bureau of Economic Research, No. w5156, 1995.

[3] Siourounis G. Capital flows and exchange rates: an empirical analysis [C]. London Business School IFA Working Paper, No. 400, 2004.

[4] Dua P, Sen P. Capital flow volatility and exchange rates: the case of India [C]. Delhi School of Economics, Centre for Development Economics, Working Paper, No. 144, 2006.

[5] Virmani A. Macro – economic management of the Indian economy: capital flows, interest rates, and inflation [J]. Macroeconomics and Finance in Emerging Market Economies, 2009, 2 (2): 189 – 214.

[6] Fratzscher M, Juvenal L, Sarno L. Asset prices, exchange rates and the current account [J]. European Economic Review, 2010, 54 (5): 643 – 658.

[7] Schertler A, Tykvovo T. What lures cross – border venture capital inflows? [C]. ZEW Discussion Paper, No. 10 – 001, 2010.

[8] Ferrero A. House prices booms and current account deficits [R]. Unpublished Paper, 2011.

[9] 王琦. 关于我国国际资本流动影响因素计量模型的构建和分析 [J]. 国际金融研究, 2006 (6): 64 – 69.

[10] 刘立达. 中国国际资本流入的影响因素分析 [J]. 金融研究, 2007 (3): 62 – 70.

[11] 张谊浩, 裴平, 方先明. 中国的短期国际资本流入及其动机 [J]. 国际金融研究, 2007 (9): 41 – 52.

[12] 王世华,何帆. 中国的短期国际资本流动:现状、流动途径和影响因素 [J]. 世界经济,2007 (7): 12 – 19.

[13] 张谊浩,沈晓华. 人民币升值、股价上涨和"热钱"流入关系的实证研究 [J]. 金融研究,2008 (11): 87 – 98.

[14] 赵文胜,张屹山,赵扬. 人民币升值、股价上涨和"热钱"流入关系的实证研究 [J]. 世界经济研究,2011 (1): 15 – 19.

附录 3

中国存款准备金率的调整对短期国际资本流动的影响[*]

夏春莲[**]

中国经济与世界经济联系越来越紧密，其中一种重要的联系渠道就是国际资本流动。长期国际资本流动较稳定，短期国际资本流动的速度、方向与规模都具有不稳定性，更容易对经济体造成冲击。短期国际资本流动的影响因素值得关注。1990~2002年中国主要面临短期国际资本的净流出，2003年1月~2011年9月中国主要面临短期国际资本的净流入，然而2011年10月~2012年末短期国际资本外逃加剧。已有研究文献认为中国短期国际资本流动的影响因素主要有国内外利差、汇率变动、股价收益率和房价收益率。本文发现中国货币政策工具存款准备金率的调整对短期国际资本流动也存在重要影响。

一、文献综述

关于短期国际资本流动影响因素的国内外研究文献中，国内外利差、汇率变动、股价收益率和房价收益率四种套利动机成为被考察的重点。利差和汇率受到的关注较早，随着股票市场的发展与多国房地产泡沫的形成，股市和房市收益率的影响受到后期研究文献的重视。

---

[*] 本文发表于《商业时代》2014年第12期。
[**] 夏春莲，武汉大学 经济与管理学院。

(一) 国外研究文献

卡尔沃等（Calvo et al，1993）对当时大量国际资本流入拉丁美洲国家的现象进行研究，认为美国经济衰退和较低的世界利率水平等外部环境是引起国际资本流动的主要原因[1]。弗兰克尔和奥孔古（Jeffrey A. Frankel and Chudozie Okongwu，1995）研究了1987~1994年拉丁美洲和东亚共九个发展中国家的利率与美国利率间的关系，认为美国利率变动对这些国家的国际资本流动和国内利率水平都有显著影响[2]。斯尔如尼斯（Gregorios Siourounis，2004）使用美国、英国、德国、日本和瑞士共五个发达国家的数据分析了国际资本流动与汇率间的关系，认为国内股市收益率优势会引起短期国际资本的流入，国内利率优势会引起长期国际资本的流入，而这些国际资本流动又引起汇率变动[3]。杜安和森（Pami Dua and Partha Sen，2006）分析了印度1993年2季度到2004年1季度的数据，认为实际汇率与国际资本流动存在相互的Granger因果关系[4]。沃曼尼（Arvind Virmani，2009）对印度国际资本流动的研究认为外商直接投资和间接投资主要受经济增长预期的影响，而国债和商业票据等跨国债务资本流动主要受国内外利差和汇率变动的影响[5]。（Fratzscher，Juvenal and Sarno，2010）的实证检验结果认为一个标准差的股票市场冲击加上一个标准差的房价冲击共可以解释美国国际收支平衡表32%的变动[6]。费雷罗（Andrea Ferrero，2011）通过分析2001~2006年三十多个国家的数据发现房价和金融账户赤字存在显著的负相关关系，给出了房价与国际资本流动相互关系的国际证据。谢克特等（Andrea Schertler et al，2012）通过对欧洲和北美一些国家的研究发现由较高经济增长预期带来较高股市收益率的国家会吸引更大规模的国际风险投资资本的流入[7]。

(二) 国内研究文献

国内文献主要针对中国短期国际资本流动的影响因素进行研究。王琦（2006）估算了1985~2003年中国资本流动规模的年度数据，认为中美利差、人民币汇率、开放度和政策变量对资本流动都有显著影响，其中汇率对国际资本流动的解释力最强[8]。刘立达（2007）使用1982~2004年的半年度数据，发现利差对长期国际资本（直接投资FDI）和短期国际资本流动的影响都不显著[9]。张谊浩、裴平、张先明（2007）分析了中国1996~2005年的短期国际资本流动，认为国内外利率水平、人民币升值预期和固定资产投资价格变动对短期国际资本投资具有显著影响，其中套价对短期国际资本流动的影响大于套汇[10]。王世华、何帆（2007）对比了中国1990~2002年短期国际资本的外逃和2003~2006年短期国际资本的净流入，认为人民币升值预期对资本流动的影响较大，利差的影响相对较小[11]。赵文胜、张屹山和赵杨（2011）对1997年1月~2009年12月的中国短期国际资本流入规模建立VAR模型，发现短期国际资本流动对房地产市场的冲击反应程度最强，对人民币升值和中美利差的冲击反应适度，对股票市场的冲击反应较弱[12]。吕光明、徐曼（2012）估算了2002年1月~2011年6月中国短期国际资本流动规模的月度数据，通过VAR模型分析认为汇率对短期国际资本的驱动性最强，且主要表现为预期汇率的驱动，股价和房价的驱动次之，套利因素的影响极弱[13]。

上述文献由于研究的历史时期不同，侧重点和结论有所差异。但综合来看，国内外利差、汇率变动、股价收益率和房价收益率被认为是影响短期国际资本流动的四大主要因素。本文对已有文献进行扩展研究，分析存款准备金率变化对中国短期国际资本流动的影响，以更好地认识中国短期国际资本流动的变化。

二、不可能三角理论与中国经济现实

不可能三角（impossible trinity）又称蒙代尔三角，或克鲁格曼三角，是指一国（地区）不可能同时拥有固定汇率、资本自由流动和独立的货币政策，在实现其中两种目标的同时必须放弃另一种目标。马库斯·弗莱明（J. Marcus Flemins, 1962）和罗伯特·蒙代尔（Robert A. Mundell,

1963）提出著名的"蒙代尔—弗莱明"模型，分析了开放经济中固定和浮动汇率制度下货币及财政政策的有效性，为不可能三角理论的提出奠定了重要基础[14][15]。保罗·克鲁格曼（Paul Krugman，1999）在前人研究基础上明确提出了不可能三角原则："你不可能什么都拥有：一国只能从三者中选择两者。一国可以在维持固定汇率的同时保持中央银行的独立性，但必须对资本流动进行控制；一国可以允许资本自由流动和保持货币政策的独立性，但必须让汇率自由浮动；或者一国可以允许资本自由流动并维持稳定的汇率，但必须放弃通过调整利率应对通货膨胀或者衰退的任何可能。"[16]

不可能三角理论是对现实的简化，三种目标都是极端情形，即完全固定汇率、资本完全自由流动和完全独立的货币政策。而现实经济中很少看到完全固定或者完全浮动的汇率，政府常常根据需要干预外汇市场，实行更灵活的汇率安排。弗兰克尔也曾指出"并没有令人信服的证据说明，为什么不可以在货币政策独立性和汇率稳定两个目标的抉择中各放弃一半，从而实现一半的汇率稳定和一半的货币政策独立性"。

中国目前的三角关系正是力图各取一部分，从而实现部分的三元和谐，在有管理的浮动汇率制和部分的资本管制制度下实现一定的货币政策独立性。首先，中国实行有管理的浮动汇率制度。2005年7月21日，我国开始实行以市场供求为基础、参考一篮子货币进行调节、有管理的浮动汇率制度。同时根据我国贸易顺差程度和结构调整的需要对美元升值，这一升值过程从2005年7月持续到2008年7月，历时三年人民币对美元共升值14389个点。虽然汇改之后汇率浮动幅度有较大提高，但并没有实现完全自由浮动，外汇管理当局继续对汇率保持必要的干预。由此，人民币汇率真正实现了"有管理的浮动"。其次，中国长期以来对资本流动实行"宽进严出"的资本管制政策，对跨境资本交易及相关货币汇兑进行限制，只有不到一半的项目交易较为自由。苟琴等（2012）从外管局颁布的与资本账户管制相关的141项法规和2010年6月之后颁布的3项法规中挑选出较为重要的93项法规，并根据这93项法规对资本账户管制程度进行评分和构建资本管制强度指标，分析了我国资本管制控制短期国际资本流动的效果，发现我国当前资本账户管制能够有效控制短期资本流动。总体来看，在资本管制制度下我国面临着国际资本的有限流动。在有管理的浮动汇率制度和资本管制制度下中国维持了一定的货币政策独立性。但近年来持续的贸易顺差和大量的国际资本流入使外汇储备迅速增长，加大了维持汇率稳定并保持货币政策独立性的难度。2013年2月中国外汇储备规模为25万亿元，是2003年2月的10倍。2013年初央行的广义货币供应量已达到103万亿元，是2003年初的5.4倍。

在外汇储备规模快速积累和央行货币冲销空间越来越小的情况下，要维持货币政策独立性，需要提高汇率的浮动幅度和灵活性。存款准备金率作为深度冻结的货币政策工具，一般会在市场过热或者过冷的情况下启用，此时由于市场症状严重，货币政策独立性更需要维持，一旦有国际资本流动，为了保证货币政策的实施和效果，需要增加汇率浮动的幅度。这种联动关系一旦被认识和预期，存款准备金率的调整将带来国际资本的套汇性流动，并将存款准备金率和汇率之间的联动关系变为现实。

三、实证检验

上文中我们通过理论和现实的分析认为存款准备金率的调整对中国短期国际资本流动可能存在重要的影响，下面我们通过对实际数据的分析来检验这种影响是否存在。

（一）样本数据及其统计描述

考虑到2005年7月中国开始施行有管理的浮动汇率制度，本文的实证分析使用2005年7月~2012年12月的存款准备金率和短期国际资本流动的月度数据。

1. 存款准备金率变化

本文选择中国人民银行宣布的存款类金融机构人民币存款准备金率

代表存款准备金率指标 CR，其变化如图 1 所示，数据来自中国人民银行网站。2008 年 9 月开始大型金融机构和中小金融机构适用有差别的人民币存款准备金率，我们取两者的平均值。

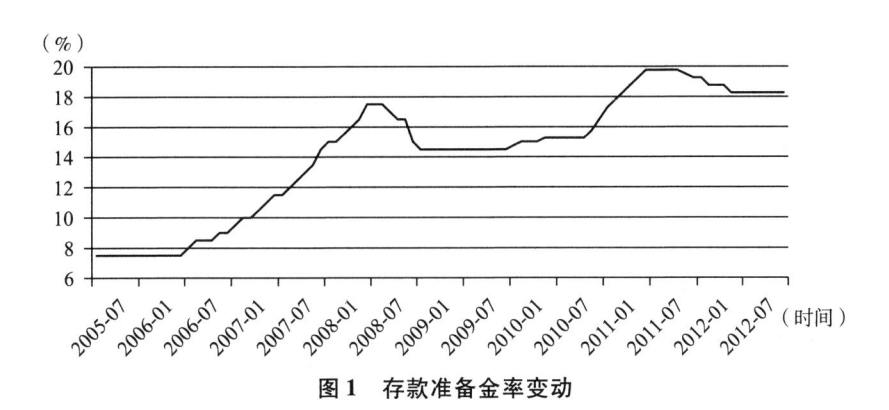

图 1　存款准备金率变动

从图 1 中可以看出 2005 年 7 月～2012 年 12 月存款准备金率经历了两轮上升后下降的过程，但上升的幅度都大于下降的幅度，总体趋势是上升的。2005 年 7 月各存款类金融机构人民币存款准备金率为 7.5%，2008 年 7 月上升到了 17.5%，2011 年 7 月上升到 19.75%，经过小幅度下调后，2012 年末平均存款准备金率稳定在 18.25% 的较高水平。

2. 短期国际资本流动规模

已有研究文献中使用的短期国际资本流动 SCF 测算方法可归纳为三种：直接法，间接法和混合法。在估算月度数据时，由于数据频度高，根据数据的可获得性，较多使用一种简化的间接法计算公式"短期国际资本流动月度数据 = 月度外汇占款增量 - 月度贸易顺差 - 月度实际利用 FDI"。本文使用此方法估算 2005 年 7 月～2012 年 12 月中国短期国际资本流动的月度数据，其中外汇占款数据来自中国人民银行，贸易顺差（进出口差额）和外商直接投资实际利用额（FDI）数据来自商务部网站统计，估算结果如图 2 所示。

图 2 短期国际资本流动

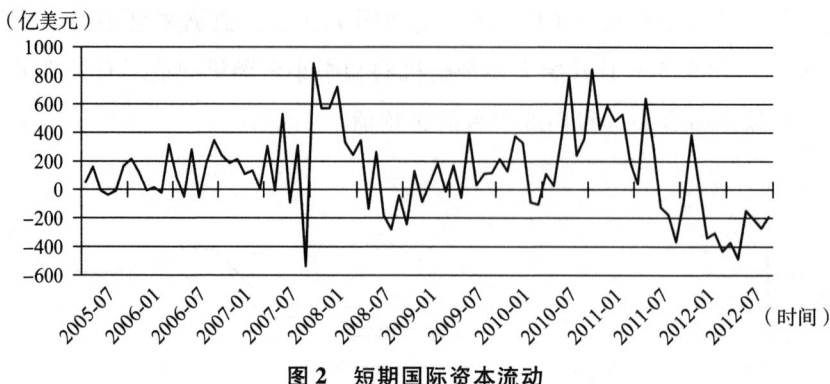

从图 2 中可以看到，2005 年 7 月~2011 年 9 月中国主要面临短期国际资本的净流入，2011 年 10 月~2012 年末主要面临短期国际资本的净流出。2005 年 7 月~2012 年末短期国际资本流入总规模为 16527 亿美元，其中两个高峰期共流入短期国际资本 9629 亿美元，占流入总量的 58%。流出总规模为 5560 亿美元，其中 2011 年 10 月~2012 年 12 月短期国际资本流出规模为 3491 亿美元，占流出总量的 63%。

(二) 实证检验

1. 单位根检验

为了避免伪回归，我们首先使用 ADF（Augmented Dickey – Fuller）单位根检验法对中国存款准备金率 CR 和短期国际资本流动 SCF 两个时间序列进行平稳性检验，其中滞后阶数由 AIC 准则确定，检验结果如表 1 所示。

表 1　　　　　　　　　　单位根检验结果

变量	ADF 检验值	临界值 (1%, 5%, 10%)	P 值	平稳性结论
SCF	-3.493078	(-4.065702, -3.461686, -3.157121)	0.0463	平稳
CR	-1.852707	(-3.508326, -2.895512, -2.584952)	0.3530	非平稳
ΔCR	-2.669856	(-3.508326, -2.895512, -2.584952)	0.0835	平稳

表 1 中的检验结果显示，短期国际资本流动 SCF 是平稳时间序列，存款准备金率 CR 是非平稳时间序列，但经过一阶差分后的 ΔCR 变为平稳序列，说明存款准备金率 CR 是一阶单位根过程。存款准备金率经过一阶差分 ΔCR 表示存款准备金率的变化。

2. Granger 因果关系检验

短期国际资本流动 SCF 和存款准备金率的一阶差分 ΔCR 都是平稳时间序列。对两者进行 Granger 因果检验，如果 ΔCR 是 SCF 的 Granger 原因，则说明存款准备金率变化对短期国际资本流动存在显著的影响。为了判断 ΔCR 和 SCF 之间 Granger 因果关系的稳定性，我们分别选择滞后期为 1 期、2 期和 3 期进行因果关系检验，检验结果如表 2 所示。

表 2　　　　　　　　　Granger 因果检验结果

原假设	样本数	滞后期	F 统计量	P 值
ΔCR 不是 SCF 的 Granger 原因	89	1	12.0654	0.0008
SCF 不是 ΔCR 的 Granger 原因	89	1	19.7045	0.0005
ΔCR 不是 SCF 的 Granger 原因	88	2	5.91471	0.0040
SCF 不是 ΔCR 的 Granger 原因	88	2	7.59048	0.0009
ΔCR 不是 SCF 的 Granger 原因	87	3	4.49429	0.0058
SCF 不是 ΔCR 的 Granger 原因	87	3	6.07753	0.0009

如表 2 所示，存款准备金率变化 ΔCR 和短期国际资本流动 SCF 之间存在相互的 Granger 因果关系，并且这种因果关系较稳定，不会随着滞后期的改变而消失或者骤减。当滞后期从 1 期变为 2 期和 3 期时，P 值虽然有所上升但依然显著，说明存款准备金率变化和短期国际资本流动之间存在显著和稳定的相互影响。

3. VAR 模型脉冲响应分析

两个互为因果关系的平稳时间序列符合建立 VAR 模型的条件，我们对 ΔCR 和 SCF 建立 VAR 模型。滞后期根据 AIC、SC 和 HQ 准则确定，其中 AIC 确定的最优滞后期为 3 期，SC 和 HQ 确定的最优滞后期都为 1 期。我们建立滞后 1 期的 VAR 模型，通过脉冲响应分析存款准备金率变化和短期国际资本流动的相互影响动态，脉冲响应结果如图 3 所示。

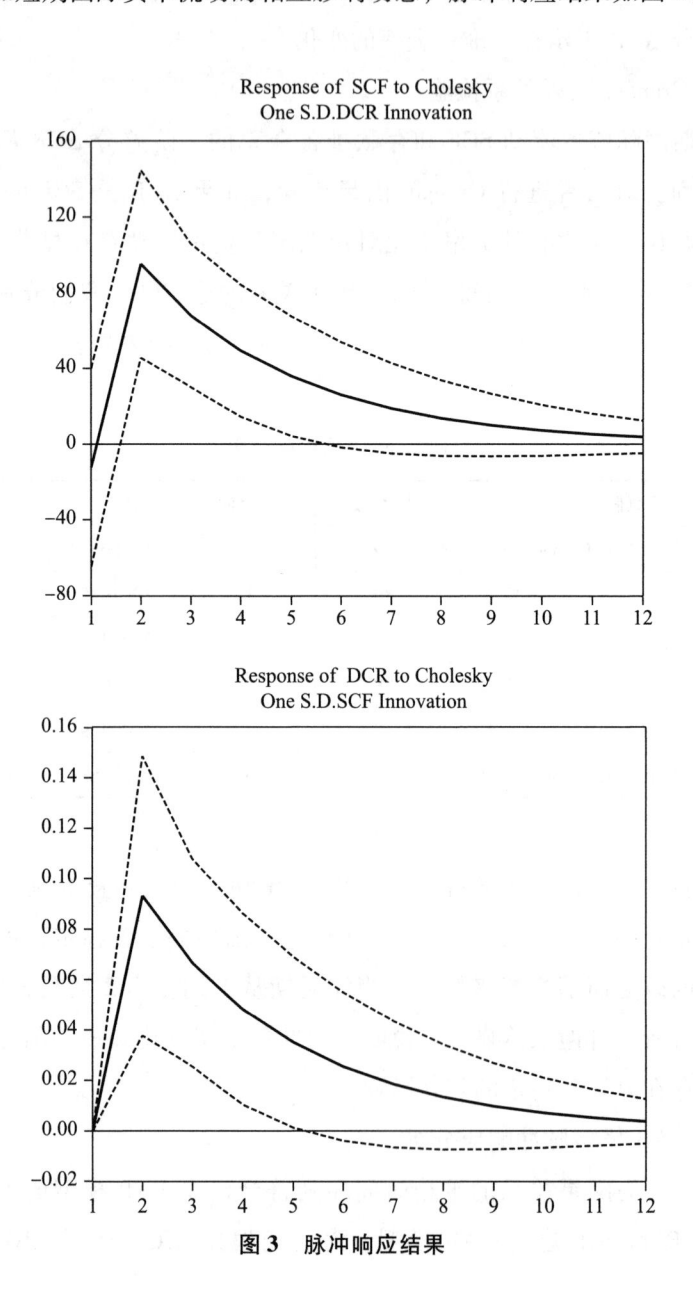

图 3　脉冲响应结果

从图 3 中可以看出，当存款准备金率变化 ΔCR 发生 1 个单位正向冲击时，短期国际资本在当期的反应为 -12.45 个单位，之后短期国际资本流入规模上升，并在第 2 期达到最大值 95.15 个单位，第 2 期之后正向影响逐渐减弱并在 12 个月后趋向于 0。当短期国际资本流动 SCF 1 个单位正向冲击发生时，款准备金率在当期的反应为 0，在下一期上升 0.09 个单位，之后影响逐渐减弱。可见短期国际资本流动对存款准备金率冲击的响应是及时和强烈的。

4. 加入控制变量的多元线性时序回归模型

已有研究文献认为国内外利差、汇率变动、股价收益率和房价收益率对中国短期国际资本流动有重要影响，我们将其作为 4 个控制变量加入模型，分析存款准备金率在四大套利因素基础上对短期国际资本流动的影响。

我们以中国 1 年期金融机构存款基准利率代表国内利率，以美国 1 年期联邦基金利率代表国外利率，用国内利率减去国外利率表示国内外利差 RR。选用人民币对美元加权平均汇率（间接标价法）表示人民币名义汇率 EX。使用上证综合指数当月收盘价代表股票价格，用股票价格的环比增长率表示股价收益率 SR，即本月股价与上月股价相比的增长百分比。使用中国商品房当月平均销售价格代表房价，用房价的同比增长率表示房价收益率 HR，即本月房价与上年同期房价相比的增长百分比。

上述指标均使用 2005 年 7 月~2012 年 12 月的月度数据，中国 1 年期金融机构存款基准利率数据来自中国人民银行，美国 1 年期联邦基金利率数据来自 OECD 数据库。人民币对美元加权平均汇率数据来自中国人民银行。上证综合指数当月收盘价数据来自中经网统计数据库。商品房当月平均销售价格数据根据中经网统计数据库相关数据计算得到。

使用 ADF（Augmented Dickey – Fuller）单位根检验法对国内外利差 RR、汇率 EX、股价收益率 SR 和房价收益率 HR 进行平稳性检验，其中滞后阶数由 AIC 准则确定，检验结果如表 3 所示。

表3　　　　　　　　　　　单位根检验结果

变量	ADF 检验值	临界值（1%，5%，10%）	P 值	平稳性结论
SR	-8.106008	(-2.591204，-1.944487，-1.614367)	0.0000	平稳
HR	-2.606369	(-2.591204，-1.944487，-1.614367)	0.0096	平稳
RR	-0.332294	(-2.591505，-1.944530，-1.614341)	0.5629	非平稳
EX	-1.372798	(-2.592129，-1.944619，-1.614288)	0.1566	非平稳
ΔRR	-5.386750	(-2.591505，-1.944530，-1.614341)	0.0000	平稳
ΔEX	-11.02935	(-2.591813，-1.944574，-1.614315)	0.0000	平稳

从表3中的检验结果可以看出，股价收益率SR和房价收益率HR是平稳时间序列，国内外利差RR和人民币汇率EX是一阶单位根过程，经过一阶差分后的ΔRR和ΔEX变为平稳时间序列。

我们建立短期国际资本流动SCF和4个控制变量（国内外利差变化ΔRR、汇率变动ΔEX、股价收益率SR、房价收益率HR）以及存款准备金率变化ΔCR之间的多元线性时序回归模型，回归结果如下：

$$\hat{SCF}_t = -66 - 5772\Delta EX_t + 4.05 HR_{t-1} + 4.52 SR_{t-1} + 80.41\Delta RR_{t-2} + 154.78\Delta CR_{t-1} \quad (1)$$

t = (-1.581385)(-4.790340)(1.609939)(1.658352)

　　(0.616010)(1.826225)

p = (0.1176)(0.0000)(0.1113)(0.1011)(0.5396)(0.0715)

$R^2 = 0.454234$　　　$\bar{R}^2 = 0.420955$

上式中的回归结果显示，考虑利差、汇率、股价收益率和房价收益率四大因素的影响后，存款准备金率变化对短期国际资本流动的影响十分显著，表现为滞后1期的影响，影响系数为154.78，P值为0.0715。R^2 和 $\bar{R}^2$ 数值偏低可能是因为影响中国短期国际资本流动的外部因素并未被加入模型，如美国金融危机，欧洲债务危机，美国QE的实施和退出等国际事件的影响。

实证检验结果证实了存款准备金率变化对中国短期国际资本流动存

在显著的影响。说明目前中国货币政策独立性的维持是以加大汇率浮动幅度和伴随大规模短期国际资本流动为代价的。要实现维持货币政策独立性和汇率稳定的双重目标,中国需要加大资本管制力度,减少短期国际资本通过各种渠道的非法流入。如果资本账户进一步开放,那么维持货币政策独立性和汇率稳定的双重目标很难同时实现。存款准备金率调整对中国短期国际资本流动存在的影响也意味着准备金率政策在吸引"热钱"流入方面并不比利率政策存在优势。

本文参考文献

[1] Calvo G A, Leiderman L, Reinhart C M. Capital Inflows and Real Exchange Rate Appreciation in Latin America: The Role of External Factors [Z]. Staff Papers - International Monetary Fund, 1993: 108 - 151.

[2] Frankel J A, Okongwu C. Liberalized Portfolio Capital Inflows in Emerging Capital Markets: Sterilization, Expectations, and the Incompleteness of Interest Rate Convergence [Z]. National Bureau of Economic Research, No. w5156, 1995.

[3] Siourounis G. Capital Flows and Exchange Rates: an Empirical Analysis [R]. London Business School IFA Working Paper, No. 400, 2004.

[4] Dua P, Sen P. Capital Flow Volatility and Exchange Rates: The Case of India [R]. Delhi School of Economics, Centre for Development Economics, Working Paper, No. 144, 2006.

[5] Virmani A. Macro - Economic Management of the Indian Economy: Capital Flows, Interest Rates, and Inflation [J]. Macroeconomics and Finance in Emerging Market Economies, 2009 (2): 189 - 214.

[6] Fratzscher M, Juvenal L, Sarno L. Asset Prices, Exchange Rates and the Current Account [J]. European Economic Review, 2010 (5): 643 - 658.

[7] Schertler A, Tykvová T. What Lures Cross - Border Venture Capital Inflows? [R]. ZEW Discussion Paper, No. 10 - 001, 2010.

[8] 王琦. 关于我国国际资本流动影响因素计量模型的构建和分析 [J]. 国际金融研究, 2006 (6): 64 - 69.

[9] 刘立达. 中国国际资本流入的影响因素分析 [J]. 金融研究, 2007 (3): 62-70.

[10] 张谊浩, 裴平, 方先明. 中国的短期国际资本流入及其动机 [J]. 国际金融研究, 2007 (9): 41-52.

[11] 王世华, 何帆. 中国的短期国际资本流动: 现状、流动途径和影响因素 [J]. 世界经济, 2007 (7): 12-19.

[12] 赵文胜, 张屹山, 赵扬. 人民币升值、股价上涨和"热钱"流入关系的实证研究 [J]. 世界经济研究, 2011 (1): 15-19.

[13] 吕光明, 徐曼. 中国的短期国际资本流动——基于月度 VAR 模型的三重动因解析 [J]. 国际金融研究, 2012 (41): 61-68.

[14] Fleming J M. Domestic Financial Policies under Fixed and under Floating Exchange Rates [J]. Staff Papers - International Monetary Fund, 1962 (3): 369-380.

[15] Mundell R A. Capital mobility and stabilization policy under fixed and flexible exchange rates [J]. The Canadian Journal of Economics and Political Science, 1963 (4): 475-485.

[16] Krugman P O. Canada: A neglected nation gets its Nobel [J]. Slate Magazine, 1999 (10): 41-68.

附录 4

实证模型数据

表 1　　　　　外汇储备对基础货币的影响实证模型数据　　　单位：亿元

时间	基础货币	外汇占款	对政府债权	对金融机构债权	发行债券	政府存款
2002-01	37633	18004	2726	19681	0	3974
2002-02	39498	18425	2726	19638	0	3723
2002-03	40844	18660	2728	19692	0	3651
2002-04	40812	18978	2658	19686	0	3834
2002-05	41643	19143	2577	19638	0	4088
2002-06	41614	19253	2538	19501	0	4176
2002-07	42137	19516	2522	19469	0	4019
2002-08	42229	19956	2522	19409	0	4379
2002-09	40462	20382	2570	19425	1938	4677
2002-10	41214	20860	2542	19417	1938	4501
2002-11	41690	21501	2542	19267	1838	4508
2002-12	42638	22107	2864	19528	1488	4160
2003-01	43279	23324	2864	19433	950	4306
2003-02	43481	23553	2864	19087	950	4855
2003-03	43754	24062	2864	19088	450	5248
2003-04	43410	24631	3007	18885	599	5587
2003-05	43780	25311	3007	18825	1390	5752
2003-06	44262	25984	3007	18684	2380	5563
2003-07	44925	26782	3007	18674	3019	5337

续表

时间	基础货币	外汇占款	对政府债权	对金融机构债权	发行债券	政府存款
2003-08	45589	27648	3007	19505	4104	5432
2003-09	47288	28670	3059	19634	4398	5504
2003-10	49434	29982	2926	19795	3950	5482
2003-11	49546	31292	2926	19112	3758	5891
2003-12	49839	29842	2901	19239	3032	6665
2004-01	50049	30977	3023	19733	3250	6332
2004-02	49900	31750	3007	18837	4175	6991
2004-03	50087	32758	3007	18637	5957	7464
2004-04	51688	33678	3007	18497	6099	6802
2004-05	51491	34160	3007	18341	6160	6737
2004-06	52383	35198	3007	20025	7476	7450
2004-07	51839	36107	3007	20032	7637	8150
2004-08	52773	37038	3023	19798	7211	8434
2004-09	53621	38237	3007	19746	7663	8293
2004-10	54113	40011	2976	19798	9010	8547
2004-11	54900	43490	2970	19650	9551	8809
2004-12	55528	45940	2970	19289	11079	7779
2005-01	55292	47487	2970	19233	11542	8381
2005-02	56816	48654	2970	19308	12552	8671
2005-03	57283	50163	2970	19244	14733	8967
2005-04	57215	50837	2970	18686	16680	8978
2005-05	58390	52980	2932	18619	17268	9100
2005-06	58220	54698	2930	23169	16342	9298
2005-07	59772	56347	2930	23660	16187	9376
2005-08	60199	57637	2930	23958	16519	9441
2005-09	61222	58905	2930	27127	16414	9176
2005-10	61592	59979	2892	25006	18095	9428
2005-11	60125	60923	2892	25422	20326	9597

续表

时间	基础货币	外汇占款	对政府债权	对金融机构债权	发行债券	政府存款
2005-12	60765	62140	2892	30443	20296	9970
2006-01	63930	65062	2892	27475	20421	10361
2006-02	61376	66000	2892	26275	23831	10769
2006-03	62330	67230	2892	26751	27557	11266
2006-04	62170	67896	2892	26691	27637	11985
2006-05	63003	69430	2892	27166	27774	12129
2006-06	63754	72216	2876	26035	28643	11558
2006-07	64020	74161	2862	25960	29771	12422
2006-08	65803	75151	2862	27060	29436	12784
2006-09	66704	76975	2863	27001	30298	13270
2006-10	67239	78559	2862	27542	31055	13979
2006-11	70022	80400	2856	28123	30566	14028
2006-12	73658	84361	2856	28467	29741	13427
2007-01	69093	88045	2856	28402	34338	15541
2007-02	78277	91401	2839	28452	31926	15183
2007-03	76737	94546	2839	28433	38475	16006
2007-04	78120	97666	2826	28500	39533	16464
2007-05	80094	100750	2826	28538	39439	17046
2007-06	83198	103483	2826	28494	37582	17572
2007-07	84867	107285	2826	28475	38268	18080
2007-08	85749	108793	8820	22669	40675	17942
2007-09	88959	111776	8825	22636	38946	19070
2007-10	91540	111841	8825	22587	37110	19403
2007-11	93980	115031	8825	22261	35668	20511
2007-12	96480	115169	16318	20835	34469	22454
2008-01	103110	120743	16318	19367	32307	24078
2008-02	103799	124428	16318	19990	36878	24813
2008-03	103713	127126	16368	20329	39531	25685

续表

时间	基础货币	外汇占款	对政府债权	对金融机构债权	发行债券	政府存款
2008-04	108114	131218	16318	20339	43018	25805
2008-05	111553	133519	16318	20328	43920	25922
2008-06	115850	134249	16280	20288	41802	26146
2008-07	118467	137690	16280	20539	41718	25543
2008-08	120817	139521	16280	20657	42279	25124
2008-09	118797	143123	16234	20648	45912	25212
2008-10	119452	146602	16234	20580	47429	24966
2008-11	121236	147032	16234	20526	46527	24290
2008-12	123248	149624	16196	20285	45780	22182
2009-01	122006	150785	16196	20231	43521	21107
2009-02	121903	152157	16196	20237	42238	20069
2009-03	123503	153131	16196	19290	41296	19282
2009-04	125880	154769	16196	20312	40796	18772
2009-05	125978	157638	16196	20334	41415	21252
2009-06	124315	159281	16074	19259	41209	22933
2009-07	126989	160878	16074	19261	40460	23967
2009-08	128089	162093	16065	19291	40081	25151
2009-09	135240	166461	15677	19293	39916	25202
2009-10	132641	168975	15677	19465	40563	25659
2009-11	135720	171639	15677	20376	40447	27235
2009-12	137698	175155	15662	18692	42064	27803
2010-01	134321	177869	15662	18660	42381	30273
2010-02	148751	179412	15626	18712	41403	26527
2010-03	148842	182311	15626	20133	43442	28469
2010-04	148630	186058	15621	20224	45610	28279
2010-05	150823	187178	15621	20331	46058	29174
2010-06	154851	188704	15621	20465	46975	29723
2010-07	157398	190501	15621	20526	47491	29516

续表

时间	基础货币	外汇占款	对政府债权	对金融机构债权	发行债券	政府存款
2010-08	158973	192833	15583	20564	47180	30060
2010-09	163277	195223	15552	20602	44005	30140
2010-10	170502	200640	15552	20564	41672	29444
2010-11	174488	203774	15421	20711	41887	29386
2010-12	177798	206767	15421	20812	40497	31916
2011-01	182299	211301	15421	27230	38503	31637
2011-02	186981	213753	15421	21796	34904	33409
2011-03	190723	217477	15405	20880	31160	33788
2011-04	195264	220473	15405	20817	29625	33481
2011-05	201006	223607	15405	20741	29297	32910
2011-06	204396	226387	15405	20932	27266	33360
2011-07	206979	229160	15405	20887	26234	33182
2011-08	210994	231460	15400	20818	24609	33363
2011-09	214327	233854	15400	20781	22451	33355
2011-10	217709	232960	15400	23500	21465	32439
2011-11	220214	232699	15400	21159	21443	30215
2011-12	216065	232389	15400	20892	23337	29996
2012-01	222708	234139	15400	33237	23228	29936
2012-02	219014	234770	15400	20939	23109	30509
2012-03	224406	235800	15349	21187	21440	28771
2012-04	226595	235174	15349	21423	19669	28875
2012-05	227264	235159	15349	21678	18778	28294
2012-06	229129	235190	15349	23929	18691	26803
2012-07	230918	235221	15314	22446	17928	26967
2012-08	234840	235277	15314	24577	17812	26840
2012-09	237821	235297	15314	28136	17464	26419
2012-10	239383	235308	15314	30676	16798	27569
2012-11	238993	235204	15314	26777	15813	28017

续表

时间	基础货币	外汇占款	对政府债权	对金融机构债权	发行债券	政府存款
2012 - 12	243265	236670	15314	26740	13880	27462
2013 - 01	236997	240185	15314	24541	13880	28539
2013 - 02	247474	243223	15314	23038	13880	27685
2013 - 03	251295	246103	15314	21401	13880	28482
2013 - 04	254025	248947	15313	21673	12830	29004
2013 - 05	255281	249960	15313	21867	11443	30896
2013 - 06	258949	249869	15313	26401	10382	31675
2013 - 07	260726	249888	15313	26324	9550	32172
2013 - 08	264185	250867	15313	27325	8246	32035
2013 - 09	264873	253549	15313	26923	7878	32438
2013 - 10	263542	258043	15313	25751	7772	34090
2013 - 11	264830	262037	15313	25709	7762	37187
2013 - 12	261423	264270	15313	22055	7762	37948
2014 - 01	269457	269215	15313	30119	7762	33789
2014 - 02	269401	270408	15313	21975	7762	36589
2014 - 03	272413	272149	15313	21202	7762	36351
2014 - 04	275538	272995	15313	21782	7762	36589
2014 - 05	280188	272999	15313	22711	7362	34369
2014 - 06	281254	272131	15313	23366	7132	32728

表2　　外汇储备对金融机构信贷规模的影响实证模型数据　　单位：亿元

时间	外汇占款	商业银行流动性	金融机构各项贷款	固定资产投资当月完成额
2002 - 01	18004	0.410	113195	2083
2002 - 02	18425	0.414	113710	1864
2002 - 03	18660	0.415	116255	2338
2002 - 04	18978	0.410	117179	2478
2002 - 05	19143	0.410	118286	2494

续表

时间	外汇占款	商业银行流动性	金融机构各项贷款	固定资产投资当月完成额
2002-06	19253	0.408	121138	2523
2002-07	19516	0.410	121754	2595
2002-08	19956	0.408	123484	2693
2002-09	20382	0.396	126367	2779
2002-10	20860	0.398	127089	2826
2002-11	21501	0.399	128628	2874
2002-12	22107	0.413	131294	3593
2003-01	23324	0.398	134615	2973
2003-02	23553	0.404	135714	2426
2003-03	24062	0.398	139437	3147
2003-04	24631	0.391	141377	3224
2003-05	25311	0.388	143908	3438
2003-06	25984	0.384	149157	3425
2003-07	26782	0.383	150217	3501
2003-08	27648	0.384	153025	3536
2003-09	28670	0.384	156060	3551
2003-10	29982	0.389	156676	3645
2003-11	31292	0.390	157701	3727
2003-12	29842	0.404	158996	4287
2004-01	30977	0.413	161731	4204
2004-02	31750	0.413	163811	4943
2004-03	32758	0.409	167443	4567
2004-04	33678	0.407	169435	4629
2004-05	34160	0.402	170566	4579
2004-06	35198	0.413	169905	4784
2004-07	36107	0.404	169884	4931
2004-08	37038	0.413	171040	4958
2004-09	38237	0.415	173473	4992

续表

时间	外汇占款	商业银行流动性	金融机构各项贷款	固定资产投资当月完成额
2004-10	40011	0.416	173729	5134
2004-11	43490	0.424	175224	5152
2004-12	45940	0.439	177363	5171
2005-01	47487	0.428	181083	6082
2005-02	48654	0.430	182042	5542
2005-03	50163	0.424	185461	5696
2005-04	50837	0.426	186889	5801
2005-05	52980	0.432	186274	5900
2005-06	54698	0.441	186179	5996
2005-07	56347	0.449	185860	6169
2005-08	57637	0.451	187757	6371
2005-09	58905	0.450	190942	6465
2005-10	59979	0.452	191168	6617
2005-11	60923	0.451	193417	6707
2005-12	62140	0.465	194690	6826
2006-01	65062	0.471	199492	7162
2006-02	66000	0.478	201020	7425
2006-03	67230	0.475	206395	7334
2006-04	67896	0.470	209556	7435
2006-05	69430	0.470	211650	7625
2006-06	72216	0.477	215303	7705
2006-07	74161	0.475	216936	7692
2006-08	75151	0.476	218836	7662
2006-09	76975	0.477	221036	7869
2006-10	78559	0.481	221205	7775
2006-11	80400	0.484	223142	8264
2006-12	84361	0.489	225285	8553
2007-01	88045	0.490	231031	9224

续表

时间	外汇占款	商业银行流动性	金融机构各项贷款	固定资产投资当月完成额
2007-02	91401	0.486	235169	8816
2007-03	94546	0.489	239586	9155
2007-04	97666	0.490	243805	9328
2007-05	100750	0.492	246278	9522
2007-06	103483	0.497	250793	9623
2007-07	107285	0.497	253107	9662
2007-08	108793	0.500	256135	9732
2007-09	111776	0.503	258970	9774
2007-10	111841	0.508	260331	10216
2007-11	115031	0.510	261205	10510
2007-12	115169	0.516	261691	10598
2008-01	120743	0.510	269696	11586
2008-02	124428	0.518	272166	10905
2008-03	127126	0.521	275000	11504
2008-04	131218	0.521	279690	11613
2008-05	133519	0.519	282875	11743
2008-06	134249	0.520	286199	12174
2008-07	137690	0.518	290017	12448
2008-08	139521	0.516	292732	12397
2008-09	143123	0.515	296477	12496
2008-10	146602	0.517	298296	12747
2008-11	147032	0.527	295750	13200
2008-12	149624	0.527	303395	13530
2009-01	150785	0.517	319922	11843
2009-02	152157	0.518	330638	17125
2009-03	153131	0.511	349555	14836
2009-04	154769	0.510	355473	15302
2009-05	157638	0.510	362142	15884

续表

时间	外汇占款	商业银行流动性	金融机构各项贷款	固定资产投资当月完成额
2009－06	159281	0.503	377446	16415
2009－07	160878	0.499	381138	16218
2009－08	162093	0.497	385241	16351
2009－09	166461	0.497	390408	16715
2009－10	168975	0.497	392938	16675
2009－11	171639	0.501	395885	16694
2009－12	175155	0.506	399685	17476
2010－01	177869	0.500	413680	17997
2010－02	179412	0.498	420678	18116
2010－03	182311	0.509	425785	18542
2010－04	186058	0.507	433525	18775
2010－05	187178	0.504	440018	19410
2010－06	188704	0.502	446046	20820
2010－07	190501	0.499	451373	19899
2010－08	192833	0.504	456819	19959
2010－09	195223	0.504	462823	20421
2010－10	200640	0.503	468700	20394
2010－11	203774	0.502	474389	21788
2010－12	206767	0.502	479196	21773
2011－01	211301	0.498	483494	25269
2011－02	213753	0.503	488871	22897
2011－03	217477	0.514	494741	24076
2011－04	220473	0.507	502171	25159
2011－05	223607	0.506	507686	25297
2011－06	226387	0.516	514026	24070
2011－07	229160	0.507	518941	25422
2011－08	231460	0.508	524426	26182
2011－09	233854	0.509	529118	25875

续表

时间	外汇占款	商业银行流动性	金融机构各项贷款	固定资产投资当月完成额
2011-10	232960	0.506	534987	26789
2011-11	232699	0.509	540616	26706
2011-12	232389	0.518	547947	23612
2012-01	234139	0.511	555253	24224
2012-02	234770	0.515	562360	35490
2012-03	235800	0.526	572475	28882
2012-04	235174	0.520	579292	29630
2012-05	235159	0.520	587224	30207
2012-06	235190	0.530	596423	30002
2012-07	235221	0.519	601824	30660
2012-08	235277	0.517	608863	30983
2012-09	235297	0.522	615089	31705
2012-10	235308	0.516	620143	32265
2012-11	235204	0.516	625364	32219
2012-12	236670	0.529	629910	28501
2013-01	240185	0.526	640767	37110
2013-02	243223	0.525	646966	33884
2013-03	246103	0.535	657592	34858
2013-04	248947	0.529	665515	35338
2013-05	249960	0.529	672209	35940
2013-06	249869	0.529	680837	36407
2013-07	249888	0.522	687835	36866
2013-08	250867	0.521	694962	37475
2013-09	253549	0.523	702832	37815
2013-10	258043	0.522	707892	38115
2013-11	262037	0.523	714137	38056
2013-12	264270	0.528	718961	33621
2014-01	269215	0.523	732144	43835

续表

时间	外汇占款	商业银行流动性	金融机构各项贷款	固定资产投资当月完成额
2014-02	270408	0.528	738593	39930
2014-03	272149	0.533	749090	40770
2014-04	272995	0.532	756835	41249
2014-05	272999	0.534	765544	41997
2014-06	272131	0.536	776337	42871

表3　　　　　贸易顺差、FDI和"热钱"数据　　　　　单位：亿元

时间	进出口差额（贸易顺差）	外商直接投资（FDI）	短期国际资本流动（"热钱"）
2002-01	226	246	-1318
2002-02	266	241	-86
2002-03	110	351	-226
2002-04	80	334	-96
2002-05	183	231	-248
2002-06	242	634	-766
2002-07	184	411	-331
2002-08	185	406	-150
2002-09	175	423	-173
2002-10	393	428	-343
2002-11	205	272	164
2002-12	261	392	-46
2003-01	-103	297	1022
2003-02	56	327	-154
2003-03	-38	459	88
2003-04	84	392	92
2003-05	185	451	44
2003-06	177	578	-82
2003-07	132	257	409

续表

时间	进出口差额（贸易顺差）	外商直接投资（FDI）	短期国际资本流动（"热钱"）
2003－08	231	275	360
2003－09	24	295	704
2003－10	475	275	563
2003－11	403	298	609
2003－12	474	526	－2450
2004－01	－2	338	800
2004－02	－652	351	1074
2004－03	－45	476	576
2004－04	－186	459	646
2004－05	174	521	－212
2004－06	153	660	226
2004－07	168	374	366
2004－08	372	427	132
2004－09	413	425	361
2004－10	587	421	765
2004－11	819	312	2348
2004－12	917	255	1278
2005－01	536	339	671
2005－02	382	320	464
2005－03	474	449	587
2005－04	380	338	－44
2005－05	744	405	995
2005－06	801	513	404
2005－07	869	373	407
2005－08	813	397	80
2005－09	613	425	230
2005－10	972	417	－315
2005－11	849	382	－286

续表

时间	进出口差额（贸易顺差）	外商直接投资（FDI）	短期国际资本流动（"热钱"）
2005 – 12	890	581	– 254
2006 – 01	771	367	1784
2006 – 02	195	325	417
2006 – 03	899	455	– 123
2006 – 04	838	339	– 511
2006 – 05	1042	361	130
2006 – 06	1161	436	1189
2006 – 07	1169	342	434
2006 – 08	1499	358	– 866
2006 – 09	1214	429	181
2006 – 10	1883	473	– 772
2006 – 11	1804	448	– 411
2006 – 12	1642	685	1634
2007 – 01	1237	404	2043
2007 – 02	1841	351	1164
2007 – 03	532	478	2135
2007 – 04	1301	345	1473
2007 – 05	1724	376	985
2007 – 06	2054	506	172
2007 – 07	1846	382	1574
2007 – 08	1892	380	– 764
2007 – 09	1792	397	795
2007 – 10	2029	509	– 2473
2007 – 11	1951	570	669
2007 – 12	1672	965	– 2499
2008 – 01	1411	812	3352
2008 – 02	613	496	2576
2008 – 03	948	657	1093

续表

时间	进出口差额（贸易顺差）	外商直接投资（FDI）	短期国际资本流动（"热钱"）
2008－04	1167	532	2393
2008－05	1409	541	351
2008－06	1448	663	－1381
2008－07	1728	570	1142
2008－08	1966	480	－615
2008－09	2006	454	1142
2008－10	2407	459	613
2008－11	2738	363	－2671
2008－12	2667	409	－484
2009－01	2674	516	－2029
2009－02	331	399	642
2009－03	1268	574	－869
2009－04	897	402	339
2009－05	914	435	1520
2009－06	570	612	461
2009－07	726	366	504
2009－08	1073	737	－1067
2009－09	883	539	2945
2009－10	1638	485	391
2009－11	1304	479	881
2009－12	1258	829	1429
2010－01	967	555	1192
2010－02	520	403	621
2010－03	－494	643	2749
2010－04	115	501	3131
2010－05	1333	555	－769
2010－06	1365	853	－691
2010－07	1947	469	－620

续表

时间	进出口差额（贸易顺差）	外商直接投资（FDI）	短期国际资本流动（"热钱"）
2010-08	1360	516	456
2010-09	1138	566	685
2010-10	1812	511	3095
2010-11	1524	646	965
2010-12	870	933	1189
2011-01	427	662	3446
2011-02	-481	513	2420
2011-03	9	822	2892
2011-04	746	553	1698
2011-05	848	600	1687
2011-06	1443	833	504
2011-07	2034	536	203
2011-08	1138	541	620
2011-09	926	577	891
2011-10	1083	530	-2507
2011-11	921	555	-1737
2011-12	1045	775	-2131
2012-01	1723	632	-606
2012-02	-1983	487	2127
2012-03	337	741	-48
2012-04	1160	529	-2316
2012-05	1179	582	-1777
2012-06	2004	757	-2731
2012-07	1590	479	-2037
2012-08	1690	528	-2163
2012-09	1754	528	-2262
2012-10	2020	525	-2532
2012-11	1236	522	-1863

续表

时间	进出口差额（贸易顺差）	外商直接投资（FDI）	短期国际资本流动（"热钱"）
2012-12	1989	736	-1258
2013-01	1830	582	1103
2013-02	958	516	1564
2013-03	-55	779	2157
2013-04	1135	527	1182
2013-05	1266	574	-827
2013-06	1674	888	-2652
2013-07	1099	580	-1661
2013-08	1760	517	-1298
2013-09	937	545	1201
2013-10	1910	517	2068
2013-11	2075	521	1397
2013-12	1569	739	-75
2014-01	1944	108	2345
2014-02	-1405	522	2075
2014-03	473	751	517
2014-04	1137	536	-827
2014-05	2213	532	-2741
2014-06	1944	888	-3700

表4　　　　　房价、股价、固定资产增长率数据　　　　　单位：%

时间	商品房销售价格同比增长率	房地产开发企业新开工面积同比增长率	上证A股综合指数环比增长率	固定资产投资同比增长率
2002-01	-10.95	18.00	-9.19	38.16
2002-02	-4.79	31.00	2.26	11.56
2002-03	3.24	22.00	5.19	29.82
2002-04	-1.23	33.00	4.15	28.48

续表

时间	商品房销售价格同比增长率	房地产开发企业新开工面积同比增长率	上证A股综合指数环比增长率	固定资产投资同比增长率
2002-05	-9.01	6.00	-9.20	22.81
2002-06	9.90	12.00	14.42	20.04
2002-07	7.87	9.00	-4.77	23.23
2002-08	8.50	14.00	0.92	24.60
2002-09	29.62	24.00	-5.11	24.72
2002-10	4.64	34.00	-4.58	23.03
2002-11	3.05	14.00	-4.80	18.59
2002-12	-1.13	12.00	-5.35	2.41
2003-01	2.93	29.00	10.44	43.53
2003-02	4.24	50.00	0.84	30.48
2003-03	5.79	23.00	-0.05	36.99
2003-04	11.14	22.00	0.78	29.43
2003-05	5.54	33.00	3.65	37.40
2003-06	1.24	29.00	-5.72	37.21
2003-07	0.38	29.00	-0.63	36.82
2003-08	4.69	35.00	-3.61	31.73
2003-09	1.28	25.00	-3.89	27.51
2003-10	10.65	23.00	-1.51	28.33
2003-11	3.87	33.00	3.63	27.76
2003-12	2.02	22.00	7.33	17.62
2004-01	3.82	11.00	6.22	42.54
2004-02	3.60	32.00	5.32	104.96
2004-03	9.89	11.00	4.05	48.36
2004-04	7.27	10.00	-8.38	43.15
2004-05	21.93	18.00	-2.49	32.52
2004-06	13.56	3.00	-9.98	42.54
2004-07	18.72	13.00	-0.99	43.23

续表

时间	商品房销售价格同比增长率	房地产开发企业新开工面积同比增长率	上证A股综合指数环比增长率	固定资产投资同比增长率
2004-08	18.40	5.00	-3.17	40.40
2004-09	11.09	2.00	4.05	40.85
2004-10	3.32	7.00	-5.43	39.81
2004-11	17.42	12.00	1.59	37.73
2004-12	17.12	9.00	-5.51	16.45
2005-01	14.09	11.00	-5.94	46.57
2005-02	19.35	1.00	9.58	12.12
2005-03	5.97	21.00	-9.61	27.67
2005-04	11.58	22.00	-1.86	25.07
2005-05	-0.96	8.00	-8.46	29.71
2005-06	13.87	10.00	1.96	28.73
2005-07	7.23	26.00	0.31	26.53
2005-08	19.49	11.00	7.33	28.47
2005-09	24.03	15.00	-0.67	29.92
2005-10	32.98	7.00	-5.36	27.55
2005-11	34.76	10.00	0.58	30.60
2005-12	11.66	3.00	5.66	26.65
2006-01	19.46	17.00	8.03	19.13
2006-02	13.25	28.00	3.31	32.78
2006-03	9.13	15.00	-0.09	31.14
2006-04	20.38	21.00	11.05	28.24
2006-05	26.52	16.00	14.06	30.62
2006-06	14.29	25.00	1.96	32.46
2006-07	12.80	-5.00	-3.58	25.97
2006-08	1.20	13.00	2.86	20.10
2006-09	-5.93	29.00	5.54	22.34
2006-10	-4.05	19.00	4.94	16.17

续表

时间	商品房销售价格同比增长率	房地产开发企业新开工面积同比增长率	上证 A 股综合指数环比增长率	固定资产投资同比增长率
2006 – 11	5.05	17.00	14.23	23.75
2006 – 12	2.08	12.00	27.61	19.63
2007 – 01	4.35	21.00	4.00	29.94
2007 – 02	18.83	4.00	3.35	16.58
2007 – 03	8.23	19.00	10.60	26.83
2007 – 04	8.68	25.00	20.58	25.85
2007 – 05	5.96	28.00	6.81	27.06
2007 – 06	9.65	23.00	– 6.96	28.45
2007 – 07	17.16	35.00	16.94	26.39
2007 – 08	18.57	30.00	16.87	27.34
2007 – 09	22.74	21.00	6.34	24.78
2007 – 10	25.59	34.00	7.27	30.72
2007 – 11	5.22	26.00	– 18.23	26.07
2007 – 12	16.06	12.00	8.01	18.71
2008 – 01	14.86	3.00	– 16.69	26.45
2008 – 02	0.09	27.00	– 0.81	21.72
2008 – 03	6.93	24.00	– 20.15	27.31
2008 – 04	4.75	8.00	6.37	25.37
2008 – 05	8.72	18.00	– 7.03	25.44
2008 – 06	3.97	17.00	– 20.34	29.49
2008 – 07	3.64	– 8.00	1.45	29.23
2008 – 08	– 7.53	– 3.00	– 13.56	28.09
2008 – 09	– 14.46	– 13.00	– 4.29	29.02
2008 – 10	– 7.44	– 21.00	– 24.60	24.39
2008 – 11	– 8.34	– 16.00	8.20	23.81
2008 – 12	6.42	– 9.00	– 2.72	22.27
2009 – 01	– 0.22	18.00	9.32	2.92

续表

时间	商品房销售价格同比增长率	房地产开发企业新开工面积同比增长率	上证A股综合指数环比增长率	固定资产投资同比增长率
2009-02	11.52	-15.00	4.63	55.39
2009-03	16.88	-18.00	13.91	30.31
2009-04	17.78	-14.00	4.41	33.96
2009-05	16.05	-18.00	6.27	38.67
2009-06	17.24	12.00	12.41	35.25
2009-07	19.58	0.00	15.30	29.94
2009-08	31.09	24.00	-21.84	33.65
2009-09	26.02	56.00	4.19	35.05
2009-10	28.55	55.00	7.79	31.65
2009-11	33.63	194.00	6.60	24.26
2009-12	16.38	34.00	2.57	24.09
2010-01	21.09	42.00	-8.81	53.02
2010-02	23.14	38.00	2.08	5.30
2010-03	9.21	87.00	1.87	26.29
2010-04	18.82	73.00	-7.69	25.37
2010-05	1.79	102.00	-9.67	25.41
2010-06	-4.93	55.00	-7.51	24.86
2010-07	-4.59	66.00	9.95	22.35
2010-08	1.71	56.00	0.01	23.92
2010-09	15.87	44.00	0.63	23.18
2010-10	9.45	51.00	12.18	23.69
2010-11	3.58	-17.00	-5.37	29.11
2010-12	8.13	5.00	-0.44	20.44
2011-01	7.13	16.00	-0.63	40.74
2011-02	11.91	28.00	4.11	26.16
2011-03	9.85	19.00	0.79	31.24
2011-04	-2.06	27.00	-0.55	37.18

续表

时间	商品房销售价格同比增长率	房地产开发企业新开工面积同比增长率	上证A股综合指数环比增长率	固定资产投资同比增长率
2011-05	14.90	22.00	-5.78	33.58
2011-06	17.29	23.00	0.71	11.81
2011-07	18.02	34.00	-2.21	27.66
2011-08	10.02	32.00	-4.96	33.39
2011-09	0.47	9.00	-8.11	27.32
2011-10	-1.33	2.00	4.61	34.14
2011-11	0.48	9.00	-5.44	21.37
2011-12	5.80	-19.00	-5.74	5.74
2012-01	6.92	-7.00	4.24	-4.26
2012-02	-8.07	5.00	5.91	55.23
2012-03	6.36	-4.00	-6.83	21.14
2012-04	9.58	-15.00	5.89	19.25
2012-05	9.43	-5.00	-0.99	21.04
2012-06	10.53	-16.00	-6.21	21.78
2012-07	11.54	-27.00	-5.43	20.64
2012-08	6.67	14.00	-2.70	19.36
2012-09	8.77	-24.00	1.88	23.08
2012-10	6.96	-6.00	-0.83	22.41
2012-11	6.14	7.00	-4.30	19.96
2012-12	12.68	-1.00	14.60	18.84
2013-01	7.70	13.00	5.08	52.80
2013-02	18.81	15.00	-0.83	-4.42
2013-03	15.66	-20.00	-5.46	21.52
2013-04	11.42	15.00	-2.62	19.84
2013-05	3.92	-2.00	5.65	19.68
2013-06	6.21	14.00	-13.99	19.91
2013-07	1.96	45.00	0.74	20.25

续表

时间	商品房销售价格同比增长率	房地产开发企业新开工面积同比增长率	上证 A 股综合指数环比增长率	固定资产投资同比增长率
2013-08	5.63	-20.00	5.26	21.43
2013-09	6.61	41.00	3.64	19.64
2013-10	8.15	-3.00	-1.52	19.24
2013-11	5.02	59.00	3.69	17.57
2013-12	4.28	35.00	-4.72	17.22
2014-01	7.71	-11.00	-3.92	17.94
2014-02	-3.63	-27.00	1.18	17.94
2014-03	0.64	-22.00	-1.11	17.34
2014-04	0.47	-15.00	-0.35	16.64
2014-05	-0.16	-8.00	0.65	16.91
2014-06	-0.55	-9.00	0.45	17.86

后　　记

　　本书是在我的博士毕业论文基础之上撰写而成。自2015年毕业并参加工作以来，根据我国近两年国际收支、外汇储备以及货币政策操作的变化，根据最新科研成果和文献，对论文进行了部分修改和完善。

　　回顾读博期间，真的是路漫漫其修远兮，吾将上下而求索。攻读博士学位对我来说既是人生中一次难得的机会，也是人生中一次艰难的挑战。由于从保险学专业转到金融学专业攻读博士，专业基础相对薄弱，对新专业既充满兴趣又深感迷茫。延期两年毕业，让从小到大成绩优异的我第一次感到吃力和无助。我由此对学术充满敬畏，并深知其博大精深。同时也明白，做学术不能太贪心，知识是学不完的，需要选择一个研究方向和研究领域坚持。我结合自己的兴趣和导师的研究方向，选择了宏观金融。博士期间在武汉大学、北京大学、中央财经大学听了邹恒甫、邹薇、龚六堂、谢丹阳、朱民等许多名师和名家的授课和演讲，完成了十余篇学术论文的写作，虽然投稿和发表的较少，但是这些练习锻炼了我的写作和学术研究能力，为我毕业之后的学术研究打下了基础。非常感谢武汉大学的培养，为我提供宽松的学习环境和生活条件，让我收获知识，在磨炼中成长，最终博士毕业并走向高校教师的岗位，实现自己的职业追求。

　　完成博士毕业论文并出版专著，要感谢的人颇多。首先要感谢我的导师邹恒甫教授，感谢他对我的包容、关怀和谆谆教诲，感谢他给我很多自由，让我选择自己喜欢的研究方向。感谢导师让我学习很多数学课程，使我能够更容易理解和推导经济学理论模型。我将永远记住导师的教诲"生命是灰色的,理论之树常青"。其次,我要感谢邹薇教授和魏华林教授,感谢他们把我当作自己的学生一样关心和指导,给了我很多帮助。然后,我要感谢黄宪教授、江春教授、潘敏教授、刘伟教授、张定胜教授、庄子银教授、裘骏峰教授等在我读博过程中在学习上给过我的帮助。最后,我要感谢杨霞师姐、王高望师兄、庄子罐师兄、高强师兄等师兄师姐给予我很多指导、关心和帮助,还要感谢楠玉师妹、屈广玉师妹、袁飞兰师妹在我的博士毕业论文答辩过程中给予我的很多帮助。

感谢我的父母和家人,感谢他们对我追求学业的支持和理解。

能够出版专著,要感谢淮阴工学院商学院张小兵院长、刘满成副院长、赵成柏教授、石卫星教授、蒋志强老师、李松霞老师给予我的鼓励、支持和帮助。感谢经济科学出版社责任编辑的鼎力相助,使得本书有机会面世。

参加工作之后,成为一名高校教师,不仅要从事学术研究,还要给学生授课,承担为社会培养人才的责任。肩负的责任更加重大,对自己的要求要比读博期间更加严格,要以更加严谨的态度和更加科学的方法继续学术之路。重新审视自己的博士毕业论文,发现尚有许多不足和值得进一步深入研究之处,希望能和读者共榷。

夏春莲
2018 年 2 月